家庭舞蹈2

从童话世界
开始

李维榕——

著

华东师范大学出版社

上海

图书在版编目(CIP)数据

家庭舞蹈.2,从童话世界开始/李维榕著.—上海:华
东师范大学出版社,2018
（李维榕作品集）
ISBN 978-7-5675-7554-7

Ⅰ.①家…　Ⅱ.①李…　Ⅲ.①家庭问题－通俗读物
Ⅳ.①C913.11-49

中国版本图书馆 CIP 数据核字(2018)第 229405 号

家庭舞蹈2
——从童话世界开始

著　　者　李维榕
策划组稿　张俊玲
项目编辑　王国红
审读编辑　陈锦文
责任校对　赵小双
装帧设计　卢晓红

出版发行　华东师范大学出版社
社　　址　上海市中山北路 3663 号　邮编 200062
网　　址　www.ecnupress.com.cn
电　　话　021-60821666　行政传真 021-62572105
客服电话　021-62865537　门市(邮购)电话 021-62869887
地　　址　上海市中山北路 3663 号华东师范大学校内先锋路口
网　　店　http://hdsdcbs.tmall.com

印 刷 者　上海盛隆印务有限公司
开　　本　890 毫米×1240 毫米　1/32
印　　张　4.75
字　　数　95 千字
版　　次　2019 年 2 月第 1 版
印　　次　2024 年 6 月第 4 次
书　　号　ISBN 978-7-5675-7554-7/B·1115
定　　价　31.00 元

出 版 人　王　焰

总　序

本来并没有打算写书，不知不觉却写了二十年的文章，加起来重重一大叠，不单代表我的工作，也反映了我的人生。

忙着与别人的家庭共舞，原来别人的悲欢离合，也是我的悲欢离合；我与别人，原来难分彼此，同属一个七情六欲生老病死的系统，都在迷茫中找寻自己的归属感。

这二十年来，我也从初期游戏人间的心态，变得心情沉重；又从悲天悯人，回复满怀喜悦。

没有解决不了的问题，只有烦恼人，不断自寻烦恼。

我却是学得越来越任性，高兴时笑，悲伤时哭，生气时骂人。活得痛快，才有闲情细嚼人际关系的丰富，不会错过身边人。

借道浮生，恕我无心细听你的满腔惆怅，只想邀你一同赏玩路上好风光！

初版自序：被文字锁起 　　　　李维榕

　　第一本《家庭舞蹈》出版时，我的学生看了追着问："你会写中文的吗？是否有人给你翻译？"

　　我答道："满纸荒唐言，一把辛酸泪！"

　　爱开玩笑的学生立即说："得了，得了，知道你会中文了。"

　　他大概怕我真的一把眼泪要流出来吧？

　　多年来真的很少接触中文，书也少看，信也不写，由于工作关系，往来的朋友多是外国人，这种好像自我流放的生活倒不是出于无奈，只因我生性好玩，对陌生的事物充满好奇，不自觉地，就投入一个多元文化联合国式的生活里。

　　当初离港时对人说，一年后我就回来。谁知去如黄鹤，再回头反成过客，匆匆来，匆匆去，极少留下痕迹。直到近年被大学聘请，才有机会回旧地耕耘。一年回来几个月，当然也不能生根，执起放下多年的笔杆，发觉很多旧字开始涌出来，全不受我控制。

　　怪不得有心理学家说，写作是属于潜意识的境界，是个不由自主的行为。我有时读着自己这些自作主张的文字，会问它们说："你们究竟打什么主意?"

　　它们对我眨眼,答:"你把我们囚禁多年,现在该轮到我们来锁起你!"

　　特此感谢《星期天周刊》总编雷伟坡先生,是他首先将我从文字中松绑。

目 录

重 访 童 年 时 光

我刚从纽约家庭研究中心工作完毕,正要赶回多伦多,却接到儿时旧友的电话,她说:"我们一定要见面!"

原来她参加了一个妇女小组,这种称为"妇女支持小组"(Women's Support Group)的组织,在欧美十分流行,目的是把处境相同的妇女召集在一起,互相发展身心,互相支持。

朋友说,她的支持小组叫每一组员做一个作业,就是返回到童年十岁时的时光,彼此交流当时的特别回忆。

谁知道回访童年,竟引起千愁万恨,以为褪了色的回忆,原来仍是色彩鲜明,很多不知道存在于意识中的印象,突然浮现。

我朋友一向是个理智的人,因为要做这个作业,突然情感澎湃,不可收拾。

她说:"这几天来,我不能吃、不能睡,想起自己与父母的关系,想起姐妹之情,更勾起十岁时那种无助的感觉,不能停止哭泣。"

她继续说:"十岁时,我最深的一个印象,就是父亲去外地经商,母亲送他上船时,她脸上那失落的表情。当时我不明白那表情的含义,现在才知道,她与我父亲的感情,自那次分别后就不再如旧。

"我常常责怪母亲不够体贴，导致父亲后来移情。现在重返十岁时的一幕，才领悟她的冷漠、她的心死！我想起自己多年来，对母亲是那样的不谅解，就泣不成声。我们母女的感情一向不亲近。我觉得她拒绝父亲，我也拒绝她！"

朋友做完她重返十岁的功课，她的支持小组又再出新的作业，这次，她要回到四岁。

她说："四岁时，我在门前被三轮车撞到，哇哇哭叫妈妈。但当母亲下楼时见到我满面鲜血的样子，吓得用手抓着自己的衣襟，忙叫佣人为她取一根香烟来，却不来抱我。

"我哭得很凄切，不明白妈妈为什么不来抱我。结果是我的小外婆把我抱起，她一直抱着我到医院，我仍然记得自己躺在她怀中，鲜血染红她的衣襟，我还特别记得她领下的一颗扭花扣子……"

朋友说着她四岁的一幕，依然泪水盈眶，她脸上当年受伤的疤痕早已痊愈。她心中的创伤，那母亲不来抱她的绝望，却显然仍在淌血。

回访童年，常常都会揭开很多旧伤疤。成人以为孩子不懂事，其实孩子的眼睛是最亮的，像个清晰无瑕的摄影镜头，早年的影像，一幕幕摄入心中，过目不忘。只是孩子的世界是那样无助，一切都要依靠成人。心理学家 Harry Sullivan 的著名学说，就是认为人的性格发展，大部分是被身旁的重要人物所塑造的。

因此，孩子为要适应成人的行为，本来清晰的眼光慢慢变得呆滞，本来直接的感受慢慢深藏起来。有人说，成人是受了伤的孩子，这话不是没有根据的。

以 John Bowlby 为首的英国派心理学，专门研究孩子与父母间的归属关系，成立了一套依恋理论（Attachment Theory）。Bowlby 认为，每个孩子在成长过程中,都要忍受被父母遗弃的感觉。他用录影机拍下幼儿的身体语言,以及面部表情,详细记录他们与父母间相依的连带关系。

我印象最深的是小约翰的录影资料。约翰不够两岁,他的母亲入医院生孩子,把约翰送到托儿所居住,Bowlby派助手录影约翰在托儿所一周的情况。

这本是平平无奇的一宗事,但录影镜头集中在孩子身上,我们看到的却是一幕人间大悲剧。先是约翰在陌生环境中的恐惧及失落,对其他孩子的侵略完全没有抵抗。他的一双大眼睛满是彷徨,四处找寻父母的影踪。

第二天,他父亲来看他,小约翰兴奋得不得了,父亲离去后,约翰望着大门不肯走开。

第三天,父亲没有来,约翰蹲在门前伤心极了,他哭了很久,哭倦了,走去靠在托儿所保姆脚下,自己找寻安慰。

第四天,父亲来了,约翰不肯前去迎接他,父亲带给他礼物,他也推开,自己抱着小熊猫,伤心地躲在一角吮手指,对父亲作消极的控诉。

第五、六天,他开始适应托儿所的环境,紧随着托儿所保姆,生怕这位刚熟悉的"新妈妈"也会离他而去。

约翰的无助,以及对父母的绝望,使看过这纪录片的观众感到无限愤怒,有人甚至责怪Bowlby,为什么见到孩子这样受苦都不加援手,只顾做他那"没有人性"的实验。

事实上,如果没有Bowlby的研究,很多人都不知道孩子的感觉有多敏锐,也不会知道,人的一生,由孩童开始,就要接受一次又一次的失落:失落稳坐母胎中的安全感、失落父母的全部关注、失落心中的梦想、失落梦里的情人、失落青春、失落健康,最后,是失落生命。

既然是一连串的失落,那么,一生何求?答案当然因人而异,童年始终是重要的,即使苦多于乐,也是我们每人生命的起源。我们的童年,储存了很多丰富宝藏,也禁锢着很多过去的鬼魅。我朋友哭肿了眼睛,可是她那两度重访童年时光的习作,却给她带来很多新的启示,不单解开了她与自己母亲的结,也使她与刚上大学的女儿,关系更为密切。

我们坐在四十二街的火车站大堂,我赶着要到飞机场,她也要坐火车回城外的家,匆匆相聚一小时,却跨越时空,打开一幕幕儿时旧事。

那年她全家移居巴西,我赶到码头,船却开走了,当时失落之情,记忆犹新。没想到大家在纽约又再碰上。可见那很多以为失掉了的东西,其实是可以找回来的!

童 话 之 路

德国中部，由哥廷根（Gottingen）开始，南下好几个城市，都有格林兄弟童话中人物的足迹，旅游人士称之为童话之路（Fairy Tale Route）。

记得童话中那吹箫引鼠的人吗？他叫 Sand Piper，吹着箫把全城老鼠带走，这故事就发生在哥廷根，市中还留有他的塑像，一脸兴奋之情，好像仍在等候领赏。

又例如那位坐不稳的鸡蛋先生（Humpty Dumpty），千方百计坐到围墙上。童谣却说：鸡蛋先生，翻个光蛋，国王的全部兵、国王的全部马，都无法把它复原。

童话路上，碰到不少父母带着孩子，沿途讲故事。孩子们对这些已经了如指掌的故事人物，不厌其烦地听完又听。

道路中有一个叫作穆顿（Munden）的城市，好像是用糖果和糕饼做成的，房子都是一层层、一叠叠地堆砌起来，像个大蛋糕，完全不受建筑原理限制。置身城中，有如爱丽丝梦游仙境，现实与梦境不能分开。

穆顿城附近有座黑森林，荒芜而无路，古树参天，却有野鹿成群，奇鸟引路。如果你跟着一只红鸟走，就会在林之深处，找到一座绿色的堡垒,睡美人就在这堡垒中睡着,仍然等候着王子前来,把她叫醒。

当然,在现实生活里,这一座相传住过睡美人的城堡,现在已变成一间豪华的古堡酒店。它的位置崎岖,我的确是驾着车子找了很久,才找到这一座仍然充满神秘感的中世纪建筑。

坐在酒店的露台上,吃着大盆缀满鲜果的巧克力雪糕,听到邻座的一个小女孩与母亲谈话。这女孩看来只有三四岁,她满嘴巧克力糖,担心地问母亲:"如果王子老是找不到路,不来唤醒公主,那公主怎么办?"

母亲答:"那她只好等着,等到永远!"

我听着,心里想,怪不得有心理学家写了一本叫《睡美人症状》(Sleeping Beauty Syndrome)的书,内容主要是指出很多女性,实在过于依赖爱情,天天等着白马王子前来搭救,王子不来,一生就在睡梦中蒙眬度过。这种女性心态,其实在孩童时就已养成。

童话与孩子,的确是息息相关。没有孩子,就没有童话;没有童话,就不会有孩子,只有三四岁的小老人。

其实,几乎每个孩子,都有重要的故事人物藏在心中,与他们一起长大,抒发他们的感受。这些人物,也可以是动物,是儿童的重要伴侣,为他们分忧,替他们解愁。孩子最牵肠挂肚的时候,就是母亲坚持要把日夜相伴的小布熊拿去濯洗的日子。

凡做儿童心理治疗的专家都知道,问孩子心里话,尤其是与父母有关的问题,他绝少会直言。但是,如果你问他小熊猫是否不开心,小斑比为什么流泪,一般小孩子都会较为自由地答话。

因此,要了解孩子的天地,最好是从童话开始。要教化孩子,也是最好由童话着手。

如果你留意近代欧美的卡通片,就会发现卡通故事中的人物,大都随着社会的进展，而改变形象。最明显的，就是女性的造型，例如新制作的《人鱼公主》(The Little Mermaid)或《美女与野兽》(Beauty and the Beast)，女主角都独立而又有主见，全部以妇女解放新形象出现。相反地，男主角都是温柔而重感情。这种制作的教育意义，主要潜移默化下一代：让女孩子不再以做睡美人为荣，让男孩子打消大男子主义！

其实，不单孩子需要童话，成人一样需要童话。纽约百老汇音乐剧中，我最喜欢的一部叫作《在森林里》(Into The Woods)。这部戏集童话之大成，所有我们熟悉的童话人物：灰姑娘、小红帽、塔里的公主，以及偷了巨人那只金鸡的阿杰，全部在同一时间出现。他们在森林里迷失，彼此穿插，结果虽然圆满收场，却不一定是永远快乐(live happily ever after)。

王子娶了灰姑娘，不久二人就像老夫老妻一样吵架。王子唱道："我的任务是在探险途中，拯救那被困的少女，没有人教过我怎样在家中与妻儿厮守！"

那小红帽，自从祖母被坏狼吞入肚中上过一次当后，学得比狼更凶，她身穿狼皮，手带利刀，自称是被害者，四处找人报复。

阿杰取到会生金蛋的金鸡，天天数蛋，却又怕人把金鸡偷去，弄得终日精神紧张，毫无乐趣可言。

这些长大了的童话人物，没有一人获得快乐，结果所有人又再跑入森林里，寻找成人的答案。

他们同唱："我们不要乱说话，孩子会倾听(children will listen)！"

孩子实在会倾听，我们真的不能乱说话。

心理学的研究，大都以成人为主，虽然有一门发展心理学(Developmental Psychology)，对孩童的身心发展分门别类，但是对孩子内心世界的丰富幻想，反而不如文学、电影或舞台的表达来得有趣。

因此，很多着重儿童心理的治疗者，总得不断走入孩子的世界，体会他们的天地。

在童话路上，我再没有想到工作，好像神仙棒把我一下子点成一个六岁的小孩，尽情活在各个不同的故事里。

瑞典名导演 Ingmar Bergman 在他宣布收山前，拍了一部电影，叫作（*Fanny and Alexander*），说的是两个孩子的故事。Bergman 的电影以描写人性黑暗的角落见称，但在他老去之时，却特意给观众留下一部充满童真的杰作。Fanny 与 Alexander 是一对小兄妹，生长在舞台之家，也特别懂得舞台的变幻及神妙之处。小兄妹遭受家变，但是无论在多险恶的情况下，他们都能找到起死回生的办法，那是一个揭露出人性种种凶恶，却又是充满着单纯及希望的故事。

年老的 Bergman，全神投入两个孩子单纯的世界里——一个充满色彩、魔术与不受现实限制的自由天地！

这个童真境界，可以说，是成人的答案！

小飞侠症状

　　小飞侠彼得·潘(Peter Pan)这个卡通人物，是很多小男孩心中的偶像，他带领着精灵叮当铃、温蒂及她的两个弟弟，飞越伦敦大桥，环绕伦敦塔，飞向那不老之地(Never Never Land)！

　　彼得·潘是永远不会长大的，他每夜拜访一位新的温蒂，情迷的少女就会打开窗户，等候这永远不能安分的男孩。他带领你飞越新天地，为你一次又一次地讲述他与铁钩船长决斗的英勇战绩，他令你兴奋，使你陶醉，你甘心随他奔走，希望他会为你停留。

　　可是，小飞侠只懂得飞翔，他不知道怎样停留。他的天地永远是在远方！

　　爱上彼得·潘的女人，最后都会心碎。

　　小飞侠其实是个成人的故事！

　　我最初见到彼得时，只觉眼前一亮，他实在是个十分俊秀的男子，浅棕色头发，却偏有深棕色的眼珠。他笑时皱起鼻子，带着一种顽皮的稚气。

　　我问他："你为什么要见我？"

　　他耸耸肩，说："我也不太清楚，是我妈提议我来见你的。"

我认识彼得的母亲,她本人也是做心理治疗的,老认为儿子有毛病,的确是她介绍儿子来见我的。

可是,我对彼得说:"你几岁了?你真的这样听母亲话吗?"

彼得露出他惯例的顽童微笑:"我二十九岁,倒不是那样听母亲的话,只是这一次,我想也许母亲是对的。"

他见我不说话,继续说:"其实不单我的母亲,我最好的朋友也认为我有点不妥。我的朋友下月就要结婚了,可是,我总不想成家,我有个很要好的女友与我同居,已经两年了,妈妈挺喜欢她,我朋友也认为我不应该走宝①,但是我就是决定不下。"

他又说:"我朋友说,我可能患有恐惧亲密症(Fear of Intimacy),不能真正与人亲近,你想有这个可能性吗?"

我笑说:"我怎么知道,我见你不足十分钟。不过你的好朋友要结婚,自然希望把你也拖下水。不如由你自己来回答这个问题,你是否真的患有恐惧亲密症?"

其实,怕与人亲近,是个时代病,很多人都失去与人深交时那种毫无保留的痛快,即使亲如夫妇,都得彼此围身画个圈圈,不让对方接近。但是否因为这样就可以断定彼得患有恐惧亲密症?在这心理学名词乱抛的时代,人人都想做心理病的江湖郎中。

彼得说:"究竟恐惧亲密症是怎么一回事,我也不太清楚。只是,这几年来即使碰到多出色的女子,她们使我心动,却不能把我捆住。我虽然与现在的女朋友同居,却一直没有放弃自己的公寓,连我妈都说,再这样下去,好女子都走光了。"

---

① 粤语,意为因看走眼而丢失了宝贝。——编者注

我问:"真是这样吗?"

彼得不解:"什么?"

我说:"好女子都走光了吗?"

他又露出那顽童的笑,而且笑得神秘,久久不回答我的话。

终于他说:"我来见你之前,曾经与我的好友商量了很久,有一件事,他认为我不需要向你提起,但既然你问起来,我也不妨直说。我在两周前,遇到一位女子,我真的对她十分倾倒……"

人的谈话,就是这样奇妙,转弯抹角的,如果你太快回答,就没有机会知道内情。彼得说了这么多话,然而,他本来不打算表明的一点,才是最重要的。

因此,我对他说:"彼得,你究竟为什么要找我? 你老让我做猜谜游戏,我不介意。我只想提醒你,你是每分钟付我费用的,为什么要这样白费自己的时间?"

彼得沉默了一会,慢吞吞地说:"我不是要你猜,只是这话难以启齿,我也实在搞不清前因后果,但是,我觉得很多女子都很可爱,她们各有不同,各有妙处,如果我要与其中一人安顿下来,我就失去与其他人相处的机会。我就是安心不下。"

我说:"那么你不是不想与人亲近,你其实是不肯放弃机会。"

彼得答:"可以这样说。"

我问:"那又有何不妥? 弱水三千,何必只取一瓢而饮?"

彼得瞪大眼睛,问:"你说什么?"

我笑说:"没有什么,中国人的佛偈而已。茫茫沧海,不是每个人都只取一杯水就满足。"

他说:"可是,我妈说,我是因为害怕受伤,才不敢把心交给一个人。"

我问："你说呢？"

彼得答："我倒不觉得自己是怕被人伤心，只怕把心交了出去，要收回来就不容易。例如我的女友莲达，知道我与新认识的女朋友有约会，就苦苦追随，天天看管着我的一举一动，本来两人愉快的相处，都一扫而空。"

我问："这样说，小飞侠又要起程了？"

彼得倒明白我这个比喻，他说："你知道吗，我其实已经向我就职的机构申请，要求调职到东南亚，最好是到巴厘岛去……"

原来彼得心中有数，一切都已做有计划的筹备。倒是我摸不着头脑，他为什么要来见我？何必要花这一笔钱？

他答："我常听我妈提起你，说你是个很有智慧的治疗专家，我从来没有接受过心理治疗，想试试看是怎么一回事罢了。"

他向我眨眨眼，愈来愈顽皮。

这彼得是个典型的小飞侠，连名字都相同，他那探险的精神，连心理治疗者的心思都不想放过。将来到了巴厘岛，不知又要掀起多少风浪。

临别时他问我："我需要再来见你吗？莲达怎么办？"

我说："你不用来了，你已经选择了你的方向，到你飞倦了时，再说吧！"

心理治疗不是为小飞侠而设的，倒是那心碎了的莲达，才需要治疗。

好莱坞上映过一部叫作《铁钩船长》(Hook) 的电影，演的是老去的小飞侠。那脱光了头发，长了大肚皮，完全飞不动的彼得·潘，仍然是一扑一跌地，走向那 never never land——永不永不长大之地。

理 想 世 界

　　某年到朋友家作客，朋友让我住在她十五岁女儿的睡房，房中贴满标语：食肉是野兽行为，穿皮草是罪过，不做运动的人是自己身体的奴隶！

　　我战战兢兢地在这大义凛然的房间过了几天，虽然没有碰到正在学校寄宿的睡房主人，但是房中每件物品，都好像对我的价值观念提出挑战。

　　当时是冬天，我拿着自己的羊皮大衣，不知道这是否算入皮草之类？正想把大衣搭在椅背上，望见墙上一张黑白分明的海报，大字写着：世界上没有比穿动物皮的人更丑恶！

　　我吓了一跳，赶快把大衣收藏起来。

　　晚上对镜涂面霜，发现镜旁一张漫画，画的是一个女人用含有胎盘素的化妆品，结果涂在面上的尽是胎儿的血。我立即细读自己那瓶面霜所含物质，久久不能放心。

　　坐在书桌前工作，桌上的玻璃下贴满各种信息，有的描述森林被"酸雨"毁灭；有的是黑沉沉一个吸烟过久的人肺；另一幅画，是一个大胖子抓着一大堆生牛肉往嘴里塞的丑相。一笔一字，都令我触目惊心。

不准吸烟！不准穿皮草！不准制造垃圾！不准假仁假义！不准
不准！

当时我想，这位小姑娘如此格调清高，怎能忍耐人间烟火？

翌年朋友向我诉苦，她女儿两度企图自杀。

我们活在一个不完美的世界，青年人的悲哀，就是必须放弃很多理
想，才活得下去。

向 孩 子 下 手 的 色 魔

三岁的小嘉娜,在多伦多市中心失踪。

多市大街小巷,贴满了小嘉娜的寻人海报。这是个长得十分可爱的小女孩,大眼睛、甜面孔、笑意迎人,但在事发一周后仍然没有线索,人人都感到事态严重。连我六岁大的小侄女都说:她一定被色魔杀死了。

近代欧美的孩子,稍懂人性就要接受一种特别的性教育——怎样提防色魔,尤其那种专向孩子下手的色魔。

各式各样的性变态分类中,有一项叫作"恋童癖"(Pedophilia),患者对小孩子特别有兴趣,要从儿童身上才能获得性的快感。这种患者对欧美儿童的威胁性愈来愈大,尤其在大城市,时不时就听到小孩子无故失踪的消息。

以多伦多为例,大多数失踪的孩子,最后都只能找回尸体,有的埋在荒郊,有的收在野岭。有一个九岁孩子,失踪后警方与家属苦苦追查,结果在邻居公寓的冰箱内,把尸体寻回。

小嘉娜的结局也是一样不幸,终于在她居住的多层大厦一间上了锁的杂物室内,找到她被强奸后活活掐死的尸体。

这种色魔,防不胜防,而且不尽是陌生人,很多都是孩子认识的邻居，甚至亲友。

因此，近代孩子的性教育，不但要提高孩子对陌生人的警觉，即使是熟悉的人，如果没有父母在场，也要吩咐孩子千万别跟他们走。

当然，患有小儿倾好症的人，并非都是杀人犯，他们很多看上去与常人无异，有的甚至结婚生子，却偏是对小孩子有此癖好，不能自制。轻微的患者，一般都会借机对孩子动手动脚。很多人在成长期间，都可能遇上这一类"色情伯父"，他们以男性为多，却不一定是年纪大的，年轻的患者其实占很大比例。

较严重的患者为了满足所好，常会在孩子多的场合，如托儿所、孤儿院任职，找机会向无助的孩子下手。美国、加拿大近年有几宗大案，就是涉及这些曾被凌辱的孩子，长大后联合揭发被性侵犯的经过，其中多宗与一个天主教的组织有关，惊动教廷。

最令人不解的是，很多患者，连自己的子女都不能放过。这些以孩子来满足成人性欲的事件，很多就发生在孩子家中。这些家庭秘密，近年来才慢慢浮出水面。数年前，英国伦敦主办过一个与家庭有关的性侵犯研讨大会，爆出很多有组织性的家庭集体利用幼儿作性发泄的事件。被害的孩子长大后，又常会继续侵犯下一代，造成一代传一代的家庭悲剧。

我有一位同学米高，他的博士论文就是专门研究这种叫作撒旦仪式（Satanic Ritual）的家庭现象。米高本人是受害者，他长大后患有多重性格（Multiple Personalities）。根据现有资料，很多性格分裂的现象，可能与儿时被性侵犯的经验有关。米高自己接受了三十多年的心理治疗，仍然不时目光呆滞，本来跟他谈得十分投入之际，他却会突然魂游而去。

我自己的研究范围，有很多方面与性变态有关，需要与米高配合，对他这种古怪行为，真的摸不着头脑，只好向我的辅导教授求助。

幸好我的辅导教授是纽约心理分析协会的委员，对多重性格特别有研究，他说："每次米高开始魂游，你就问他，他现在是以哪一个性格与你谈话。你坚持要跟米高谈，他自然就会回来了。"

　　教授的办法果然有效。我与米高终于顺利地完成作业。

　　米高出版了两本诗集，全部是他儿时在家被害的经验，令人不忍卒读。我最记得其中几句：

　　"在我幼小的记忆中，我最熟悉的感觉，是当祖父把他的阴茎，放入我的口中，他说他爱我。

　　"在我幼小的心中，我分不开爱与无助，我只知道要服从，我不明白为什么我愤怒……"

　　我无法读完米高的诗集。这种惊人的表达，一个孩子的魔鬼世界，真实得令人无法接受。

　　有关性侵犯的心理治疗，不论是治疗受害者，还是治疗害人者，对治疗专家都是一种考验。心脏稍弱的人都不能做这工作。

　　数年前，我曾经与多伦多市的克拉克机构（Clarke Institute）合作，向政府申请一项研究基金，对性侵犯者的治疗功效作一个比较。

　　时下对性侵犯者的治疗，多是用药，减低他们的性欲望；也有用各种折磨，令侵犯者失去快感。最常见的方法，就是先做一项测验，叫作阴茎测试（Phallometric Testing），把犯人的生殖器套入一个金属圈内，然后向犯人放映各种性的图片或录影，被测验者每有兴奋反应，那金属圈子就会把反应记录下来，用以了解此人是对哪一种性活动发生兴趣。

　　如果测到犯人对小童特别有反应，则会大量地向他放映小童的图片，每次犯人有生理反应，就用电流电击他，或用臭气去喷他，或令他不停手淫直至皮破血流，目的是使犯人每次对儿童产生性兴奋时，就要经历种种生理上的痛苦。希望他慢慢地谈虎色变,再也不敢对孩子想入非非。

很多被判入狱的囚犯,因为想减刑,都会主动要求接受这种治疗。

可是,根据最近的研究报告,对于患有恋童癖的人,治疗的成功率很低,无论采用哪一种方法,都只有暂时的功效,始终没有根治的可能。

我为了申请研究基金,曾参与克拉克机构的小组治疗,面对十个有案底的性侵犯者。他们看来与常人无异,其中一人是教师,一人是神父;另一人十分脸熟,我们双目交接时彼此都吓了一跳——我后来断定,他就是我在大学时的一位教授。

可见很多性侵犯者都是我们日常生活里相处的人,在中国的古籍中,亦常有成人偏好童男童女的记载。未雨绸缪,孩子的父母还是小心为妙。

代 罪 羔 羊

家庭中,往往有一只代罪羔羊(Scape-goat),替整个家庭承担一切问题。

例如,一个不听话的女儿、一个不长进的儿子、一个酗酒的丈夫,或一个凶恶的妻子,这些所谓家庭的不良分子,由于他们的问题是那样地明显,以至其他家人把注意力集中在一人身上,因此,就没有处理其他问题的必要。

这是个很有趣的家庭现象,例如夫妇不和,家庭中就可能会出现一个问题儿童:夫妇忙着处理孩子的行为,就用不着面对婚姻的危机。无形中,孩子的问题反而挽救了父母的婚姻。

因此,Minuchin学派的家庭治疗方式,十分着重一个家庭的组织,尤其留心家人的问题或病状,究竟对整个家庭的平衡起了什么作用。

甘家的一家四口,是个好例子。

这是我在港大治疗示范的一宗个案。甘父刚坐下,就指出他家的最大问题,是因为有个懒惰而不肯长进的小儿子。接着甘妈、大儿子阿辉也说,弟弟阿华,实在是这个家庭的问题人物。

阿华看似失魂落魄的,如坐针毡,但是对于父母兄长对他的指责,却不断点头，连说："我有很大问题！"

这样的开始，是个家庭的典型，每个家庭都有一套是非观念，肯定了何人何事是这家人的苦恼，以为只要把此人此事的问题解决了，一家人就可以安枕无忧——当然，这只是幻觉。

如果你留心甘家每人的互相行动（interaction），很快就会发现，谁有问题，或者什么是问题，答案是不断转移的。

甘爸："我知道自己以前脾气很坏，第一句可以友善，第二句就是客气，第三句就会发火，但是我已经改善了很多，而且过后常会道歉……"

我问甘妈："你接受他的道歉吗？"

甘妈："我不接受！他实在太过分了……我们不懂得怎样做父母，我不应该生了这些孩子出来！"她指着阿华说，"这一个是多余的！"

阿华听着，身体不停抖动，更加失魂落魄！

甘爸见箭头指向小儿子，乘机插话："我的要求其实不高，只要他肯发奋，我一定供他读书……我已经给他三个选择，可以读会计，或者印刷，还可以读工专。他就是一点反应都没有。"

我问阿华："你听父母这样说你，心中有什么感觉？"

阿华说话模糊，吞吞吐吐，身体随着说话抖动，父兄看在眼里，更加不是味道。

甘妈赶快抢救："我知道阿华说话不动听，没有人喜欢听他说话……我在家也一样，也是没有人愿意听我的——我都自闭啦！"

本来沉默的阿辉对母亲说："我不是不想听你说话，但你说来说去都是这些话，叫人怎样回答？那天我在家，本想好好跟你谈谈，但不出三句就吵起来……你自己说阿华就可以，别人说他，你就立刻生气骂人……"

甘爸也跟着补充："阿华是没有人可以碰的，我们谁敢碰他，妈妈就立即翻脸不认人！"

我们交谈半个小时后，本来是阿华的问题，现在变成甘妈过分保护幼子的问题。乍眼看去，这个家庭好像是父亲与长子成一阵线，而母亲与幼子又结成一党。但是，这一局势很快就改变了。

甘妈言谈之间，好像对丈夫十分不满，我问甘爸是否知道妻子不满些什么，甘爸却毫无头绪。

我对甘爸说："你不如直接问她，有什么不满？"

甘爸望着妻子，结结巴巴地说："我知道你一嫁给我，就不开心，究竟我有什么不妥？"

甘妈却望着我说话："都结婚三十年了，还说这些话干吗？ 不过，我实在好苦呀！有人肯听我一句话，我就已经心满意足……"

说着，就哭了起来，眼泪鼻涕一把，坐在身旁的甘爸却不知所措，反而是大儿子阿辉忙着赶快把纸巾递上。

我对阿辉说："安慰妻子，是你父亲的职责，怎么你做了你爸爸的工作？"

这才知道，这个二十八岁的儿子，实在是个十分忠心于父母的男子。所有父母不愿意，或不能做的事，阿辉都承受下来。父亲不能安慰妻子，阿辉就设法安慰；父亲要儿子继承父业，阿辉就继承，即使他并不想投身父亲的行业。

他说："我父母处处格格不入，二人完全不可以交谈，我觉得我的母亲很苦，完全没有人陪伴她。但我总是为弟弟的事与她争吵，有一回，吵得凶了，她说要死，我冲口而出，就说，你去死吧！但立即就后悔不已，如果她真的死了，我这一辈子都会自责！"

本来甘家认定阿华是家中的问题，现在发觉，阿辉才有最大的烦恼：

他抛不下不能相容的父母，但又忍受不了家中的压力，这样下去，要爆炸的可能是阿辉！

我问他们："如果没有阿华的问题，你认为你们家是否就会天下太平？还是你们利用了阿华作替死鬼，把一切问题推在他身上？"

一直沉默的阿华，突然发言，他说："我是个没有自由的青年，九年前我去参加一个音乐会，爸爸把我骂个没完，他不相信我是去音乐会，我把票根给他看，他都不肯信我。后来我去吊一个歌手的丧，回家爸爸骂我说，如果他死了我也不会这样好心，我心里很难过，我并不是像时下一般青年那样好玩。但是我已经二十六岁，不能把我管得那样严……"

本来态度慌张的阿华，突然说出一番十分得体的话，他愈能表达自己，就愈变得成熟，一个行为本来看似十岁的青年，在我们面前突然长大起来！

但是甘爸急着为自己辩护，一点也没察觉儿子的改变。他一方面要儿子振作，到儿子振作时，他又用连篇教训令阿华泄气。

阿辉看在眼里，也加入弟弟的战场，他说："不单阿华，连我都是没有自由的，我根本没有经历过年轻人的生活，连与女孩子打电话，都要被爸爸在旁喝止……"

甘妈说："我们家养出来的都是老头子，（她指着阿华）这一个老头子从不出门，终日慌慌张张，（她又指着阿辉）这一个老头子一直都找不到女朋友，谁敢对着他的恶爸爸……"甘爸负气说："这样说，我才是全家的罪人了！"

谁是罪人？谁是问题？真是一个家庭中的猜谜游戏，而且罪人与问题都是不停换位的。

甘家的谜底如何，下篇揭晓。

家 庭 的 故 事

　　甘家因为小儿子阿华精神沮丧,遂接受家庭治疗。但当我见到这一家四口时,却发觉这一家人的问题,是不停地转移的。

　　阿华不能振作,很快就被解释为甘妈对儿子的过分保护之故;甘妈对幼子的偏爱,却又明显地基于夫妇间的不和;父母不能相处,偏又产生一个忠心于家庭的大儿子阿辉,支撑整个家庭。人人把注意力集中在阿华的问题上,反而不知道最最不胜负荷的,是长子阿辉!

　　这种错综复杂的家庭关系,可说是每一个家庭的故事!

　　传统的心理治疗,往往只见带有病征的个人(symptom bearer),但是家庭治疗的准则,却认为人是属于系统(systems)的,因此不断受四周环境及环境内的人物影响;除非你独居另一星球,否则这世上并没"个人"这一回事。

　　而最影响个人的,当然是这个人的家庭。

　　因此,当个人的精神或行为出了问题,这个人的家庭脉搏也必然发生了阻滞。如果把家庭的经脉打通了,个人问题也会有新的起色。

　　最常见的一种"家庭闭塞",就是父母不能随着子女的成长而成长。

　　甘家有两个儿子,一个二十八岁,一个二十六岁,但是父亲管教甚严,把他们当十岁或十二岁的孩子看待。大儿子虽然忠心耿耿,承继父业,但脾气却愈来愈大,随时等待爆炸。小儿子就索性停留在十岁的阶段,精神恍惚,毫无做人的信心。

甘妈知道丈夫过分,但是她处理的方式,却是不与他说话,自闭而去!

甘爸活到六十岁,才发觉家里出了许多问题,真不知从何着手改善,他愈想抓着两个儿子,他们愈生怨气,尤其是小儿子阿华,甘爸愈教他要有朝气,他就愈精神恍惚。这个道理其实很简单,甘爸这套教儿子的方式,对十岁的孩子是适当的,但对二十岁的成人就不适宜。阿华要不是反叛而逃,就只好永远做个十岁的孩子来配合父亲的管教!

因此,要阿华不做十岁的小孩子,就得要甘爸放弃把儿子当十岁看待的教导方式。

父兄都怪母亲溺爱幼子,却不知道他们二人同样是造成阿华不能长大的因素!阿辉协助弟弟振作的方法,几乎全是由父亲处承继过来的。

我望着这个家庭,真的觉得自己像个针灸的人,东摸摸、西探探,各处打听这个家庭的脉搏,才能决定从哪个穴道入针。

从发展心理学(Developmental Psychology)的角度看,二十多岁的成人是不应该太听从父母亲的话的,甘爸要学习怎样放弃对儿子的控制,这个家庭才有成长的机会。

因此,我决定制造机会,让两个儿子学习怎样反叛。

我问阿辉:"你父母不能相处,你打算为他们支撑到几时?"

阿辉说:"我想过离家很多次,但是我不知道自己是否走得出去。"

我把夹在父母中间的阿辉邀请出来,面对父母而坐,让他直接与父母亲对话。

话头一起，才发现听话的阿辉原来积压了无限恨意，他对父亲说："你不知道我的中学时代有多难过，我的同学都叫我作'灰姑娘'，时限一到就得赶紧跑回家，同学正常的社交，我大都不敢参加……"

甘爸反辩："我现在都没有管你了，现在你脾气比我更大，你有没有想到我心中有多难受……"

阿辉："你现在是放松了一点，但你仍然要控制一切……我十七岁时你当我十二岁，我二十八岁时你就当我十四岁！"

我笑着插话："这样说，你要到八十岁才可以娶老婆了！"

甘妈对儿子说："你不知道你爸多想要媳妇！"

阿辉答："想要媳妇的话就得让我长大！"

我问阿辉："你以前有对你父亲说这些话吗？"

他说："没有，这是第一次！"

甘爸答："那我们以后就这样说话吧！"

甘爸毕竟是个明理的人，这回他不断被妻儿指责，虽然不好受，但他似乎明白这种交谈的重要。阿辉愈不相信他父亲会有改变的可能，甘爸就愈要证明自己是可以改变的。

甘爸说："我母亲自小就管我很严，一步都不放松，我长大后，很自然地就用母亲管我的方式去管儿子。"

可见一个家庭的模式，是会一代传一代的，阿辉虽然埋怨父亲，他自己的体态与说话方式，却几乎是父亲的翻版，他若解不开他与一上代的结，可能会在自己生了孩子后，同样会变成另一个甘爸！

阿华眼见哥哥第一次与父亲作这样坦诚的表达，也开始说出心里话。甘爸肯在大儿子面前示弱，却不能停止管教阿华，阿华每次说话，他就数他的不是。

我用报纸团成一个球，递给阿华："你父亲不知道，他每次用这种语气跟你说话，就会把你打回十岁去。你如果真的想成长，就得提醒你父亲要对你尊重。这个纸球你拿着，每次他这样待你，你就用球掷他！"

　　我知道此时甘家较从前开朗，因此也教阿华与父亲开开玩笑。阿华真的依我所示，对父亲说："你不能再把我当作十岁的小孩看待！"他说着，把纸球掷向甘爸。

　　这个疗程长达两小时，倒是当场打通一些家庭的经脉。一周后，甘家要请我吃饭，据说阿华开始放松自己，重新振作。甘爸则说，多年不理睬他的妻子，开始与他说话。阿辉不见了踪影，大概找女朋友去了。

　　一人求诊，全家得益，此乃家庭治疗之道。

在 三 角 中 的 孩 子

返港不够一个月，见了好几宗有关孩子及青少年行为问题的个案，发觉所见每一个问题儿童的背后，不约而同都有一对不能相处的父母。

这些父母，有的是专业人士，如老师、护士，都是中层阶级的家庭，都是紧张子女的父母。其中某些夫妇，明知道婚姻无望，却特别为儿女而不分手，他们怎样也想不到，生活在父母不和的家庭中，孩子更加会产生各种不平衡的心理及古怪行为。

家庭治疗理论家 Murray Bowen 有一个重要的三角理论 (Triangulation)，他说，每当一个二人系统遇到问题时，就会自然地把第三者扯入他们的系统中，作用是减轻二人间的情绪冲击。

因此，父母不和，子女常会不自觉地加入他们的阵线，形成一种三角关系。

奇怪的是，被卷入这三角的子女，其实是最忠心于父母的孩子，他们往往发出各种心理病征，或行为问题，目的就是要保护或平衡父母间的纠纷。

这种因三角关系而生的儿童病，花样繁多，他们父母的配搭，也是各式各款。

例如,七岁的小明,天天与母亲吵架,母亲不论怎样打,怎样罚,都不能控制这只小顽猴;小明五岁的妹妹,却是一个乖得离奇的小女孩,大眼睛瞪着母亲与哥哥争吵,吓得不敢动弹。

小明的爸爸是一位教师,母亲是一位高级护士。爸爸说,他接小明下课时,碰到小明的老师,都说小明是个乖学生,但是闷闷不乐,老师问起他来,他就说,爸妈在家彼此不谈话,他十分不快乐。

爸爸说:"一个孩子这样不开心,要向外人诉苦,可见其悲哀之处……"

小明的父亲说得有理,只是他说话滔滔不绝,旁人难有插话之处。而且他的话都是向着我说,他的妻子坐在一旁,身体紧张,神情愤怒,却又一言不发。

我对小明父亲说:"你自己也是教师,当然明白孩子的行为与其家庭关系很有关连,你的孩子这样不快乐,你是否需要与你太太讨论一下对策?"

小明父亲继续向我炫耀他对儿童心理的知识,却完全避开妻子的目光。小明母亲也是一样,她对丈夫的怨恨,全部写在脸上,只是眼睛绝不看他。

原来这一对夫妻,已经多年不和,丈夫觉得妻子事事苛求,妻子觉得丈夫不负责任。多年来夫妻深谙彼此习惯,知道事无大小,一交谈就会大战爆发,因此尽量避免接触。只是妻子一肚子怨气无处可消,忠心的小明就走入了三角的位置,天天与母亲吵架,让母亲对父亲的恨意有所发泄。

父母责怪小明之余,却一点也不明白孩子的苦心。

另一对夫妻,也是有个天天惹母亲生气的小女孩。七岁的娃娃,在父母形容下,是个"无可救药"的问题儿童:不专心、不听讲、不可理喻……父母不断在她身上安罪名，但是在我们两个小时的交谈中，她却是乖乖地坐在一旁自己玩耍，只是十分留心父母的一举一动，尤其注意他们的谈话。

父母谈话和平，娃娃也和平地玩耍；父母谈话不妥，娃娃也明显地紧张起来。这种不停观察父母的孩子，治疗者称之为"父母守望者"（Parent's Watcher）——最容易被卷入父母的矛盾中，成为三角位置的一角。

Minuchin早年发展家庭治疗的学派时，曾经做过一个有趣的实验：人在精神紧张的状态下，身体就会产生一种叫作游离脂肪酸（Free Fatty Acid）的荷尔蒙。Minuchin让孩子在单面玻璃镜后面，观察父母的交谈，同时用仪器测量孩子的荷尔蒙分泌。结果证实，每当父母争吵，孩子的游离脂肪酸荷尔蒙就突升猛进。

这一项实验，肯定了很多儿童心理病是与父母的关系息息相关的。

娃娃的家庭，表面看来十分正常：父亲是公务员，母亲是家庭主妇，他们都说生活平静，夫妻恩爱。只是娃娃被父母夹在中间，显得十分不舒服，无论父母怎样盘问，都是摇头不语，满面惊惶。

我观察了这一家人大半天，完全摸不着头脑，只好对他们说："你们看来是如此美满的家庭，为什么娃娃会有这样不安全的感觉，这样的完全不信任你们？这一个谜，可能只有你们自己才有答案。"

我说完，正要告退，娃娃的母亲突然紧张起来，终于说出真相。原来娃娃父亲在家的时间甚少，她每天独自对着娃娃，七岁孩子的每一举动，都被母亲用放大镜一般详加审察，母女之间全无空间可言。

缺乏丈夫关怀的妻子，满怀悲愤都转投在女儿的管教上。不会玩耍的妈妈，不能容忍七岁孩子的正常顽皮和玩耍。

妈妈说:"我有时生气骂娃娃,骂得自己全身发抖,而娃娃也同时发抖……我知道自己过分,但是没有人在旁制止我。"

小明、娃娃都是活在三角中的孩子,他们的家庭,像很多别的三角关系的家庭,大多是有一位对丈夫失望的母亲,全神集中在管教儿女的工作上,造成母亲与子女一种难分难解的关系。而三角关系的父亲,一般都存而不在,他们不愿意对妻子负责,也乐得噜苏的妻子把矛头指向子女身上。

像小明的父亲,身为老师,对儿童心理学有一定的理解,但是他谈了两小时的理论,却完全不能有所行动。

终于,还是小明的母亲说:"我丈夫把五岁的小女儿当作妻子,我把七岁的小明当作丈夫。"

如此阴差阳错的夫妇子女大换位,不知困死了多少在三角中的孩子!

精神病的境界

　　我在米兰受训时,曾经参观过当地一间精神病院一个很有趣的疗程。

　　一位十八岁的少女,说患有精神分裂症,要求入院治疗。这少女在医院内,表现得情绪十分低落,什么事都提不起劲。主诊的精神科医生相信她入院是为了逃避现实,因此想出一个别出心裁的治疗办法。

　　医生对少女说:"作为一个精神病患者,你的本领实在不够高明。别的精神病患者能做的事,你完全不会做。你太使人沉闷了。不如我介绍你认识一位精神病的老手,让她教你怎样做一个真正的精神病人。"

　　这医生找出另一位住院多年的精神分裂患者,对她说:"这位新的病人刚入院,她一点精神分裂的本领都没有,请你教她一下,别让她那样闷人。"

　　医生留下这个少女在室内,自己就跑到邻室的单面玻璃镜去观察她们。

　　老病人对着新病人,两人像斗鸡一样对望良久。接着老病人叹一口气,慢吞吞地坐到一张旋转椅子上,指着身旁的另一张椅子,示意新病人坐下,然后认真地教导新病人怎样做"疯子"该做的事。

她用手指着天花板,对新病人说:"你会这样做吗?"新病人无奈地也跟着她的动作,用手指向天花板。老病人眯起眼睛斜视新病人,又问:"你会这样看人吗?"

新病人也照样望着她。

老病人把椅子转圈,喃喃自语说些无法明了的话,新病人瞪着她看。不久两人就用意大利话交谈起来。据翻译者说,她们的谈话全无内涵,各说各的,但从动作看去,却好像谈得十分投契。

可是,观察她们的医生却愈看愈不满意。她走回室内,对她们说:"你们两人都太闷了,一点也没有做精神病人的素质!"

医生开始自己作示范,她一会儿皱着眉头指天捣地,一会儿围着椅子走圈,一会儿又瞪着怪眼望人,一会儿又举拳向天不动……她一边做动作一边叫病人跟着做,弄到自己筋疲力尽,才离房而去。

两女人被医生弄到眼花缭乱,等医生走后,老病人对新病人说:"老天爷,医生一定是疯了!"

新病人经过如此怪诞的"疯子训练",吓得三天内就要求离院,再也不敢埋怨自己心理不正常。

疯子与正常人,只是一线之隔,著名的心理治疗家 R. D. Laing 曾说,精神分裂(Schizophrenia)是应付这疯狂世界的一种正常反应。

虽然近代遗传学的研究,证实有些精神病是与遗传因子有关,但是不可否定,环境是可以令人发狂的。

大部分精神病,都是基于人与人的关系出了问题。而家庭治疗的发展,也是起于一种对精神病患者与其家庭关系的研究。

很多精神病人的行为令家人苦恼不堪,但其家人的行为,也同样可以促使病人疯狂。

这种个案在香港也不少，我最近就见过一个好例子。

一位三十岁的女人，患有强迫神经症（Obsessive-compulsive）。这是一种行为怪异，而且不断重复同一行为的病状。她每天要花三个小时在洗手间内，用滴露洗刷全室，弄得父母不能用厕。这样还不止，她终日跟着父母团团转，父母用过什么都要消毒，母亲脱下来的衣服，都要被她一一检查；早上父亲起床时咳嗽，立刻就可以导致她顿足发狂骂人。

这病人做散工赚来的钱，全被她用来买滴露。

家中住了这么一个大魔头，父母完全被她的病所控制，苦不堪言。忍无可忍时，只得召警察把女儿送入精神病院去。

病人在医院，行为却变得正常，再也没有入厕三个小时的"仪式"（ritual）。一方面当然是因为医院规矩森严，另一方面是女儿有机会吐露她与父母间的矛盾。据病人说，她对父亲怨恨甚深，认为父亲对她过于控制，她把对自己生命的失望——三十岁仍没有固定职业和男友——全部怪罪父亲。

父母来接她出院那天，从他们三人的谈话，就可以见到三人错综微妙的关系。

父亲出示一袋女儿的衣服，苦苦哀求女儿更衣出院。女儿却说："不用了，我习惯了在医院'牛记笠记'①，不用这样紧张。"

父亲不肯罢休，女儿不肯就范，二人争持不下。父亲的声调愈来愈硬，女儿的声音却像个十岁的小女孩，母亲坐在一旁不知所措，只担心地对女儿说："你别回家又再发作，我受不了。"

母亲的预言一定会实现，女儿回家"又再发作"是必然之事，道理很

---

① 粤语，穿牛仔裤和 T 恤衫的人，泛指普通大众的休闲打扮。——编者注

简单,如果三十岁的女人连选择衣服的自由都没有,而且在父亲面前她全无招架的能力,那么,她的洁癖将是她的最大武器,只有在发病的情况下,她才取得最大的控制。

父母忙着吐苦水之余,却一点也没有想到,他们才是女儿的病。

专门研究精神病者与家人关系的家庭治疗大师 Carl Whitaker 认为,精神病者的境界,有如爱丽丝梦游仙境,超越现实,具有一种正常人无法做到的自由。

Whitaker 曾经对他的一位病人说:"你所达到的自由境界,是我求之不得的境地。"

我最近也见到一位十六岁的少女,她夹在祖母与母亲中间,成为两代拉锯的箭靶。处于这样无助的位置,本来精神低落,毫无生气,可是,她突然"如获神助",自称去过两次布道大会后,获得呼风唤雨之能力。

少女谈着她那移山倒海的新法力,神采飞扬,无助的小姑娘变成魔法师,倒是吓坏了身旁两位本来互不相容的母亲及祖母。

只可惜,人一旦从这超离现实的自由境界跌回现实,精神将会更加低落,甚至有人会因此自杀。

也许因为这样,很多精神病者都会"选择"一去不返,长期脱离现实而去!

非 理 性 的 沟 通

一家服务精神病者的机构为了响应国际家庭年,邀请我作一次公开讲座,题目是"精神病者与其家人的沟通问题"。

到达会场,只见黑压压的一片人,也不知谁是病人,谁是家人或工作人员。这长达三个小时的座谈,一般参加者都是准备坐着听讲,我想这回糟了,要我长篇大论地独白,结果不单听的人要发神经,讲的人也一定会疯狂起来。

这种安排,实在有违"沟通"之道!

记得精神科大师 R. D. Laing 逝世前,曾在瑞典举行的一次公开讲座上做过一项惊人创举,为了示范怎样与精神病者沟通,他在会场外的横巷找到一位落泊神经汉,邀他上台来,二人天马行空地大事交谈。

当时在场的 Minuchin,至今仍不断向他的学生提起 Laing 的那次示范,引为美谈。

Minuchin 说:"读尽所有理论,也不如听 Laing 与神经汉的一席话。也只有像 Laing 那样的大师,才能轻描淡写地从交谈中,把一个精神病者的世界勾画出来。"

怎样与精神病者沟通,各家各派有不同的答案。以 Laing 为首的精神科专家,认为精神病是一种自由境界——一种被现实世界极度压迫之后所达到的解脱。这种把精神病美化的想法,促使很多治疗者刻意地进入病人的内心天地。

他们认为,精神病者对现实世界有一种扭曲的看法(distorted version),有如吸了大麻后看世界,一切人与物的大小比例,都会超乎现实,时而听到不存在的声音(幻觉 hallucination),时而见到不存在的形象妄想(delusion)。

有人说,爱丽丝梦游仙境的亲历幻象,很多地方与一个精神分裂者所描述的世界无异。

因此,很多以身作则(experiential)的治疗专家,对"疯子"的世界特别向往,在治疗时不单故意走入病人的境地,有时还会显得比病人更疯狂。

Laing 与神经汉的交流示范就是一个好例子,他愈谈愈古怪,到最后连神经汉都忍不住对他说:"喂,这位大夫,请你不要这样疯癫,我受不了!"

位于加州的精神研究所(Mental Research Institute),其始创人名为Don Jackson,也有一个类似的例子。Jackson 有个患有精神分裂的病人,自称是耶稣基督,在医院内对谁也不加理睬。Jackson 对他说:"你既然是神,就不该被锁在院内,我现在把大门的钥匙向你献上!"

Jackson 说罢,就跪地向这位病人俯拜,并继续说:"你既然是神,这钥匙对你其实并无大用,给不给你也是一样……"

病人被这个医生缠扰得莫名其妙,叹一口气说:"不知道是你疯了,还是我疯了!(one of us must be crazy)"

这种陪病人一齐"发癫"的治疗法,主要是把病人从一个自我封闭的状态,变成一个"二人沟通"的境地,与病人共存(co-presence),使病人不再独自在扭曲了的世界里挣扎。这是一种十分重要而有效的沟通方法。

只是这种治疗,有时连治疗者都会走火入魔,家庭治疗师 Carl Whitaker 每次准备走入病人的天地时,都会找他的妻子或另一位治疗者相伴,以备必要时拉他一把。

被一致认为是二十世纪精神病治疗圣手的 Laing,一生潦倒酗酒,本身也是经常出入精神分裂的国度。我听过他的讲座,那是我毕生难忘的一次经历。

在那为时两小时的演讲过程中,Laing 几乎没有完成过一句话,他每开始一句话,都是中途变卦,重新整理,好像没有一句话可以真正代表他想要表达的内容。

妙的是,通常我们听别人说话吞吞吐吐,总会不自觉地替人把话完成,但是 Laing 的话,却令人难以跟随,我每次以为知道他想说什么,结果他说出来的话却与我想象中的全不一样。

这种完全反逻辑、反理性的说话方式,十分令人难受。一个小时下来,听众走了一大半。我坚持到底,听完讲座后却是精神错乱,与理性完全挂不上钩,不知人间何世,现实何物。

当时那种强烈感觉,历年不忘,我后来发觉,我每次与精神病者工作,那一股意识就会历历如新;且每当我想用理智控制一切时,那一股跨越时空的意念,又会重新出现。

短短两个小时的经历,Laing 竟然带我进入如此深入的一个层次。无以为名,这大概就是佛家所谈的"悟"。

可惜近代治疗精神病者,多是药治,而不是心治。

讲到与病人沟通的时候,又多是集中在说话的内容,而不是注重说话的形式。说话的内容多是理性的,说话的形式才是人与人之间的交流——有如万花筒,千变万化。在治疗的理论上,谈话的方式往往比内容来得重要。

我这次被邀讲述沟通的问题,想起前人与精神病者沟通的种种,不禁神游而去。

当然,治疗专家与病者家人的沟通方法,大不相同。如果精神病者的家人都学 Laing 一样,走入病人的古怪世界,岂不变成疯狂世家?

只是,在家庭治疗的个案中,我们常常发现,病人与家人的行为是息息相关的,而且常有配合作用。例如,家中有个患忧郁症(Depression)的丈夫,他的妻子就可能特别精力充沛;等到妻子筋疲力尽,自己也变得忧郁起来,本来情绪低落的丈夫,却可能一反常态,变得积极。

家中有个懒儿子,必有个勤力的父亲或母亲;家中有个恶媳妇,准有一个低声下气的婆婆。这是一种不自觉的"沟通",不是单从言语而来的。

如此类推,如果病人的家人都让自己疯狂起来,则本来患有精神病的病人,反而会变得正常了。

三　岔　口

在我到过的地方，我常觉得，中国是一个人的地方——无论你跑到多远，都有前人遗迹，一木一石，都提醒你：很早以前就有人来过！

希腊却是一个神的地方，充满神的故事，一山一水，都把你带到远方的境界。

到希腊去，必得带着一本希腊神话，追溯每个故事的始末，重复荷马的脚步。

我的第一站，就是 Oedipus 杀父的那个三岔路口。

Oedipus 的故事，是悲剧的悲剧。他一出生，奥林匹斯山众神祇就预言他将是个杀父娶母的孩子。他的父亲是一国之君，闻言后立刻命令要把婴儿杀掉，以绝后患。幸而好心的老仆把他交给一个来自远方的行者，让他把孩子带到遥远的国度。

但是，阿波罗神的预言必将实现，Oedipus 长大后，在他的探险途中——一个三岔路口，遇到他不认识的父亲，相斗起来，把父亲杀死，并根据当地习俗，娶亡君的遗孀为妻。

Oedipus 的命运，一早就被注定。到他发现自己杀掉的敌人，原来是父亲；自己的妻子，原来是母亲，他便用针把自己双目刺瞎。没有眼睛的人,余生在荒野摸索,不断地问着一个问题：我是谁？

　　心理分析鼻祖弗洛伊德认为,每个人在孩童时期,都经历过 Oedipus 的复杂情感,男孩子都有恋母而抗父的趋向,女孩子都有与母亲争取父亲关注的时候,这现象称为"恋父情结"(Electra Complex)。

　　而我站在这背山面海的交叉路口,仍然感觉到那血腥的父子斗,那两败俱伤的悲剧。

Versace 的 裤子

看到 Versace 色彩灿烂的时装广告，想起几年前碰到的一位女士。

这女士是富商太太，圆眼睛，圆面孔，矮矮瘦瘦的，完全没有阔太太的豪气，只是她穿着 Versace 当时最流行的七彩贴腿裤子，Versace 的设计十分霸道，但是贴在这位少妇两条瘦弱的腿上，却有一种惨淡的凄凉。

那天我们到她的家用膳，客厅上挂着一幅巨大的全家福油画，一家四口，笑容可掬，这是一个四处洋溢着温暖及和谐的小家庭，唯一特别的是走廊尽头设着一个小佛堂。

晚膳后，大伙儿到酒吧喝酒，女士兴高采烈地有说有笑，只是一眨眼，就不见了——但见她丈夫身旁换上另一位漂亮丽人，穿的也是 Versace 的裤子。

一伙人继续饮食谈笑，毫不在意。独是我待了一会儿，无法适应这种香港"新文化"。

我后来又再遇上这位太太，这次她与我谈佛，她说每天要念上多遍观音经，希望可以修炼一副菩萨心肠。

我却想，这种天天与二夫人转换位置的生活，不知道需要念上多少遍观音经，才能让这位原配太太平心静气。

我原以为"大红灯笼高高挂"的日子已经过去,想不到这一幕戏在二十一世纪的摩登社会,仍然演得轰轰烈烈。不同的是,绣花绢子的衣服,换了欧洲名牌。迷失在那多姿多彩的新花图案中,更是使人无奈。

我一向不喜欢 Versace 的衣服,以后更会避开这种吵闹得悲哀的设计。

再见可是老婆？

婚外情，是二十世纪的香港特产！

回港前在纽约家庭研究中心谈起这种香港特有的现象，连家庭治疗大师 Minuchin 都听得张大嘴巴。他说："我见过各种千奇百怪的家庭形式，就是没有见过这一模样。"

并不是外国人没有婚外情，只是比起香港的那种轰天动地、彩色缤纷，以至人人自危的风气，一般外国人的偷情真是小巫见大巫。

返港后，一看这学期的工作量，发觉有两个训练课程都是集中在婚姻治疗。我问安排课程的负责人怎么对婚姻治疗有这样大的兴趣，她说："不是兴趣，是需要，太多婚外情（Extra Marital Affair，EMA）的个案了，连有经验的专业辅导者，都往往被弄得束手无策。"

香港曾推出的一部电视剧《再见亦是老婆》，实在是婚外情的家庭神话：一个抛弃妻子的丈夫，一个千娇百媚的第三者，一个发奋自强而在最后克服一切困难的忠心妻子。

神话的好处，就是恩怨分明：到最后，不怀好意的情妇终得枉死；盲目的丈夫尴尬得不能抬头；一度悲痛欲绝毫无招架之力的妻子，不单在剧中成为英雄人物，热心的观众更加插一段戏外戏：群起抗议，叫编剧不要让妻子回头，让负心的丈夫不得好报。

这些观众的心态，一反以往中国人那种以孩子为重，以及"浪子回头金不换"的宽恕准则，不知道是受了近代妇女解放的影响，还是因为近年来太多人吃过丈夫移情的苦头，悲愤满怀之故。

不管如何，婚外情是现时香港的热门题目，大学里好些学者，都有研究与第三者有关的家庭现象。有专攻本港的婚外情，也有集中研究内地和香港两地相连的婚外情；有富有人家的婚外情，也有穷苦人家的婚外情；有跨越东南亚的多重婚外情，也有太空人的婚外情……林林总总，究之不尽，好一个婚外情的花花世界。

因此，在香港教授婚姻治疗，当然离不开第三者的问题。

只是，婚姻治疗的基本原理，是夫妇双方都有改善婚姻的心意，而学员带来求示范的个案，大都是丈夫不肯出席，只有伤心的妻子，哭哭啼啼地向婚姻辅导者诉怨。遇上这种情形，要治疗的已经不是婚姻，而是一颗破碎的心了。

当然也有很多杯弓蛇影的例子：因怀疑丈夫有外遇，妻子变成侦探，用放大镜追寻每个线索，检查丈夫口袋及钱包固然是常例，甚至千里跟踪，务必把那神秘的婚姻入侵者揪出来。

这种做法，常会发生反效果，本来没有婚外情的丈夫也会被逼上梁山。

也有一位不闻不问的妻子，丈夫去世后突然出现三位"未亡人"，丧夫之痛外，还要加上三分恨意。

理也不能，不理也不能，做香港人的妻子实在不容易，做有婚外情家庭的辅导者更难。

一般的治疗训练，都是叫辅导者保持"中立"，不要站在任何一方立场上说话。问题是,在情绪高涨的情形下,要中立谈何容易——在夫妇双方的争斗中,辅导员往往不由自主地也变成"第三者",被卷入漩涡。

也有很多辅导员认为,有婚外情的婚姻,必然是本身早有矛盾,不然第三者怎会有机可乘。

这种论调,不管是对还是错,对出了岔子的婚姻根本于事无补。要知道,当夫妻一方与别人生了情感,就像澎湃的海水,除了等潮退,很难有收拾的办法。

因此,伤心的必伤心,快活的必快活。《再见亦是老婆》中的妻子阿佩,历尽所有被抛弃的无助与辛酸,唯一的解决办法是学习怎样为自己而活,不再做个依赖丈夫的女人。

当然,阿佩有支持她的朋友、爱护她的亲人,她本身又沉得住气,处处向学。电视剧创造了这样一个人物形象,实在为天下被弃的妻子打气。其实,不单是被弃的妻子,婚外情的危机对所有妻子都是一个重要的警醒:结婚证书再也不是婚姻的保障,别以为丈夫是你的就可以百事不理,个人的进修绝对不能婚后就停顿。否则,即使全心集中在相夫教子的主妇生涯上,也一样会飞来横祸。

法国歌手 Edith Piaf 的爱情理论名言是:千万别等失恋才去找寻新爱,最好同时有几段爱情在萌芽。

这段话改套在为人妻子的身上,应是:千万别只爱丈夫一人,对其他家人亲友的爱,也要同时灌溉。

二人世界的根基,是建立在一个多人的体系内的。

以我看来,婚外情比艾滋病更能致命,最好是做足预防工作,不要让婚姻陷于阻滞状况。一旦事发了,唯一办法是让自己哭个痛快,然后设法爬起来,重拾旧欢也好,另起炉灶也好,绝不能让自己停滞不前。

当然，并不是所有被弃的妻子都会逆来顺受。有男士讨了小老婆，原配妻子纠缠不休，用指甲把他抓得遍体鳞伤，非穿长袖衫不能见人。

妻子亦步亦趋，跟着他上班，当着公众用粗口骂他，用菜刀追着去斩他。

丈夫逃无可逃，自己去见婚姻治疗师求救，又去找精神科医生，代不肯出现的妻子作诊断：忙得团团转，主要是叫人证实自己有个疯老婆。

如此闹婚外情的丈夫，实在窝囊。妙的是，竟有社工及治疗者努力为他奔走，合演一幕"胆小老公凶老婆"的偷情活剧。

这幕活剧虽然荒诞，对婚外情的受害者来说，倒是大快人心。

人 在 桃 花

谈起婚外情,人人都会立即联想到是男人找小老婆,其实,婚外情绝对不是男人的专利,女人一样可以干得轰轰烈烈。

不同的是,男人找婚外情,往往与占有欲及权力有关,女人却好像以爱情及吸引力为主题。

一位结婚多年的女人,突然与一个比自己年轻二十岁的男子发生关系,闹得如火如荼。丈夫知道后,三人开始谈判,丈夫说爱她,情人也说爱她。女人夹在两段爱情中,老是推说不能取舍。

她一边埋怨着爱情的烦恼,一边却是满面春风:事实上,婚外情是一支兴奋剂,把她久已埋藏的潜力全部发挥出来。

女人说:"我不知道该怎样办才好!"

她不是不知道该怎样办,她是不愿意办任何事,人在桃花,只希望好景不变。

女人说:"我太幸福了,有两个男人这样爱我!"

世故的她却暗自思量:丈夫等我回头会等多久?情人伴我会至何时?

最大的恐惧,是这位比自己年轻的情人是否真能陪着自己终老?放下自己安定的老巢随他走天涯,是不是过于走险? 但是,如果放下情人随老夫返家,即使再宽大的男人,都有乘机报复的可能。明知道丈夫不喜多言,将来这一份沉默,必然更增三分恨意,天长地久的日子怎样度过?

在火热热的情场中,人人都可以表现得大方洒脱,一旦胜负分明,再显尾巴不迟。女人心知肚明,只希望这三角形势,可维持五十年不变。

"发花痴"的作用

婚姻与性爱,形影相关。

只是,性爱不一定发生在婚姻的关系内;而婚姻关系,也不一定包括性爱,这是很微妙的一回事。

回港教授两个婚姻治疗的课程,发觉很多学员虽然具有丰富的辅导经验,但多属"纯情派",对婚姻具有唯美价值观念,每涉及有关性行为的问题时,更是难以启齿。

即使做过家庭辅导的社工或心理学者,谈到性时,也往往以一种"医生与我"的方式与病人交谈。

这种绝对严肃、目不斜视的学者方式,无形中把性爱列入丧礼或纳税等令人避之则吉的项目,实在有违人性!

怎样与夫妇谈性爱?

这不单是一个技巧,更是一种态度问题。

对于很多"纯洁无邪"的学员,要与夫妇谈性,他们自己必先要熟悉性爱的大千世界,走入这道"好女子(或好男子)"不应进入的大门!

因此,我把课程集中在个人的体验——把这一群刘姥姥带入性的大观园去!

第一、二周，人人面色尴尬：男学员往最后一排坐，女学员低头不语；也有勇敢者首当其冲，挺身示范，但是大部分学员都要被点名才肯发言。

这当然是可以理解的现象，要在一群陌生人面前谈话已经不容易，还要谈性，简直要命。

但是，性之一门，是充满千奇百怪的境地，学员很快就兴奋起来，开始交换他们想入非非的意念。

我要求学员各自选择一桩他们一直想做，却是没有机会，或不敢去做的事——必须与性有关的——而去尝试。

一周后他们作报告。很多女学员选择去看三级片，发觉三级片本身远不如她们购票入场时的情况来得刺激，那种在众目睽睽下无以藏身的感觉，与很多选择购买"黄书"的女学员在购书时的体会相同。

有一位顽皮的女学员在一所中学做辅导工作，她选择尝试做的，就是带了一本"黄书"回校，当着一群教师面前出书示众。

她说："没想到大部分女教师吓得鸡飞狗走，男教师也是十分尴尬，人人都以为我工作过度，发疯了。"

也有一位男学员，选择站在天桥下，看女孩子上楼梯时的裙下春色。只是，他说当天气温下降，女孩子都在裙下穿了厚袜，春光不泄，累他白白伸长脖子。

我笑他说："幸好如此，不然你被人当色魔捉了去，我一定反口不认你！"

这一班都是成年而且资深的专业学员，在谈起性来，几乎全部回到青少年的心态，对性具有无穷的好奇及向往，尤其喜欢戏弄别人。妙的是，他们愈变得顽皮，就愈具有生气及活力，比起初上课时道貌岸然的"专业"模样，反而更加平易近人。

其实这种对性的醒觉，不单可应用在训练专业人才上，对一般人而言，也是一种重要而又常被忽视的心理状况。

弗洛伊德曾经指出，人的性动力（Sexual Drive）与其创作力甚有关系，以他所见，人的所有伟大创举，尤其艺术上的成就，都是出于性的动力。

不信的话，试看好些国家竖立城中的电讯发射塔，怎么全部都像男性生殖器（Phallic Symbol）？而且国国争高，东京铁塔说是比巴黎铁塔高三尺，多伦多发射塔又说比东京铁塔更高？

当然 Freud 的这种重男轻女的性论调，有一部分已被现代学者否定，但是无可否认，人的性动力，实在可以给人带来无比活力。

可惜的是，这一股人类与生俱来的原动力，在文明社会里，反而要走入暗道（underground），只能以打游击的姿态出现。但禁尽管禁，即使绝对不谈性的人，也会做性梦（sex dream）：在朦胧中浮现的下意识意念，各种与性有关的形象，常会在梦中出现，吓坏不少以为自己心无杂念的道德之士。

各种与性有关的梦像，最有趣的一项，竟是梦中与上司发生云雨之情，尤其男性的下属，在现实生活中对女上司毫无招架之力，睡梦时女上司就自然地化成神女入梦。只是这种性与爱无关，反而是一种权力的斗争——在梦中可以打破权力的界限、为所欲为的一种自我释放。

性梦有时是噩梦，反不如性幻想（sexual fantasy），可以任意飞翔。我们知道，人在性幻想时，绝少以现实生活中的配偶为对象，因此，多疑者千万不要问你的男人性幻想时想的是谁，除非对方骗你，否则他幻想中出现的人物，大概没有你的份儿！

到现时，我们对人的性心理仍有太多不解之处。近代有新发现，人在处理死亡时,常有突如其来的欲念。例如,一对夫妇丧子,白天举行丧礼,晚上丈夫对妻子突然产生强烈的性需要。妻子生气不已,责怪丈夫不念丧子之痛,却不知道,人在极度失落时,性是一种安慰、一种支持!

性之大千世界,谈之不尽,婚姻辅导者如果过于单纯,就不可能了解每一段婚姻的特性。遇到与性有关的情形,更是避重就轻,不但给别人提出不中用的主意,甚至还会坏事。

那些日子,我让学员天南地北,一反常态,重新经历做个"有性"的人,我不知道有没有改善他们辅导的技巧,但是发觉很多人都变得漂亮起来。

怪不得有同学说:"原来学会'发花痴',竟有如此美容作用!"

有人问,这岂非禽兽所为?

这就错了,禽兽的性生活,全部是为了生产下一代,卵子不成熟的猫是不会叫春的,人是唯一能视性为娱乐的动物,试问夫妇或情人做爱,有多少次是为了生孩子?

因此,为娱乐而性(recreational sex),是人的专利。其美容功效,是没有一种化妆品能及得上的。

神 人 之 别

恋爱的化学作用，与动物被吃掉前的化学反应完全一样。

这是一个生物学的时代，人的全部行为和感觉，都有生理上的解释；恋爱不过是性的前奏，性的目的，全是因为传宗接代，虽然人是唯一可以享受做爱而不产子的动物。

大概这是因为人产子比其他动物更为困难，上帝恐怕人类没有制作下一代的动机，因此特别让他们以性为娱乐。

人的审美眼光，也是不自觉地以刺激情欲为根据。例如，崇拜青春，因为这是生育最丰盛的时期。女性涂口红，因为在高潮时，女性的嘴唇，的确由于充血而变红色。又女人以腿长为美，因为在性冲动时，腿部真的会增长一寸左右。

最妙的是，性学家一直解答不了的问题：为何男人总是比女人较早达到高潮？生物学家却找到答案。从人体的特效摄影显示，女性高潮时，阴道口像个吸盆把精子吸入阴道内，增加受孕机会。这一步骤必须等男人射精之后进行，因此男女高潮有先后之分。

别以为精子入了孔道，就一窝蜂地拥向卵子。原来，这一队小东西甚有策略，他们兵分三路：一部分直冲卵巢；一部分却按兵不动，一味制造防线,不让他人的精子通过;第三部分,更是专攻打不同类的"敌方"精子,把敌方置诸死地。这种"精子之战"特别为滥交的女人而设。

造物的设计,全无多余之处,只是这种科学新发现,仍然无法解释爱情是何物。

大概因为性是上帝的发明,而爱情,却是人的创作。

不 能 行 房 的 丈 夫

夫妻间的性爱，原是最自然的一回事。

奇怪的是，这属于最自然的事，却很多时候都出了乱子。

看过 David Reuben 那部《性爱宝典》（ *Everything You Alaways Wanted to Know About Sex* ）（1972）的电影吗？其中有一个片段，亚伦娶了一位千娇百媚的妻子，他使尽浑身解数，弄得自己筋疲力竭，都不能使太太兴奋，后来发现，这位疑似患有性冷感的女士，原来要在公共场所做爱，才会无比热烈。

结果，这对夫妇要在高级餐厅的桌底下、公共电话亭内，甚至家具店里用作陈列的大床上，才可以达到飘飘欲仙的境界。

这世纪的性爱研究鼻祖 William Masters 常说，性行为原是人类最自然的行为，与野兽无异，是不用教育的！

只是在现代社会里，很多夫妇的性行为都会节外生枝或根本失掉了"野兽行为"。性治疗（sex therapy）在过去四十年间，成为婚姻治疗重要的一环。

最妙之处，是丈夫接受性治疗的比例，比妻子更多。以为男人都是只顾向女人打坏主意的人士大可放心，这时代的男性毛病之一，就是不能向女人打"坏主意"！

性无能(Sexual Dysfunction)是个普通的婚姻问题，也是夫妇之间不能外泄的一个大秘密，尤其男性的性问题，哪一位男人肯向人承认自己不能满足妻子？又哪一位女士肯向人承认丈夫对自己没有兴趣？惯做好女孩的妻子更不敢自己提出对性的要求。如此阴差阳错，很多没有性生活的婚姻，表面上往往看似一片太平。

因此，很多有性问题的婚姻，都没有接受性治疗。实际上，来求诊的夫妇，很多时候都是由妻子主动，半拉半扯地把尴尬的丈夫抓去见治疗专家。不过，在女性处于被动位置的家庭，当然很难做到以上这一点。

听说日本正在推行一种"有爱无性"的婚姻制度，对不能行房的丈夫们来说，这简直是大好消息！

男人不能行房这种事，古已有之，古今中外都有记载。意大利名作家Moravia早期有一本名著，叫作《谎话》(The Lie)，描写一个花天酒地的男人，突然对性完全失去兴趣，视妻子如陌路人，到多年后他的养女长大了，他却突然不停地对她产生性幻想。

Moravia这一部书，对一个男人性心理的复杂过程，有很仔细的表达。

其实，所有男人，在不同时间和场合，都可能会失去性的兴趣，只有在长期不能恢复性生活的情况下，才算是性无能。

男性的性问题又分为好几种，最常见的一种是早泄(Premature Ejaculation)，生殖器未进入阴道就射精，很多治疗专家都说这是年轻人的毛病，年长了就不容易早泄；另一种是不举(erectile failure)，生殖器不能成功地进入阴道——不举又分先天(从来不能举起)及后天(以前曾经可以举起过)两种，很多后天因素，如患病、酗酒或用药都会影响阴茎勃起。

以上两种问题，一般都是用行为纠正（Behavioural Technique），以各种技巧去训练生殖器，使它收放自如，是一种生理训练（physical retraining）。

最难治理的一种性问题，就是对性没有兴趣（low sex drive），对着人间尤物，却全不动心，不能产生化学作用。

一个男人为什么失去想入非非的本能？理由繁多，工作的压力、生活的窘迫、婚姻的磨擦、夫妇不和、彼此权力斗争，种种内外因素，都会使人失去对性的兴趣。

早期心理分析大师弗洛伊德，将一般性无能都解释为因恋母情结（Oedipus Complex）不能化解，以至个人成长受阻之故。但是现时很多性治疗专家，都认为心理分析不是性治疗的最好办法，一来是心理分析需时太久，短则一至两年，长则十年八年，焦急者恐怕等不及。与其追查个人童稚时与父母的关系，不如留心观察一对夫妇现有行为，尽快找出婚姻阻滞之处。

Masters 的治疗，为时两周，综合生理、心理、社会因素，行为纠正各种办法，促使不能行房的夫妇对彼此产生兴趣。

有趣的是，很多对性没有兴趣的男人，一旦换了对象，可能不治而愈。因此，有时，在性治疗没有普及的地方，妓女可能是最好的性治疗专家。

在港见过几桩丈夫失去性兴趣的个案，妻子老怀疑是因为第三者的介入。其实，在某种情况下，第三者的加入，反而可能是个有效的刺激，重新发动生了锈的性机能！

当然，不是所有性治疗都是有效的，尤其在经验不足的治疗者手上，他们所提供的答案，可能比本来问题更糟。

我早年治疗一桩夫妻不性的个案，就是毛病百出。

那是一个从来不能与女性发生性行为的男子，他接受了十年心理分析，仍然不能与女人上床。后来他异想天开，决定娶一个弱智的女子为妻，以为这样就可以解除女人在心理上对他的威胁。

谁知他娶了一位二百多磅的妻子，声音大、个子粗，结婚半年，同样不能行周公之礼。

我参考 Masters 的治疗指南，示意这对新人点上香烛，放上柔和音乐，让妻子穿上性感睡袍，彼此以香油擦身，尽量制造气氛，以便减轻双方对"性表演"的心理压力（performance anxiety）。

试想想，夜阑人静之际，这位二百多磅的妻子，穿上黑色通花透明睡衣，拿着香油，操着大嗓子，要替丈夫擦身，这个景象有多惊人！

瘦小的丈夫瑟缩在床角，被巨大妻子像小鸡一样按得不能动弹。

如果这位先生真的患有因为怕女人而不能与女人上床的毛病，经过我这一番治疗，恐怕从此以后，对所有女性都要避而远之。

网　球　与　性

　　根据世界网球杂志的一项调查报告：百分之五十四的球员表示，他们在打网球时，常常会做与性有关的联想。

　　这是什么意思？也许这些球员意不在球；也许他们的对手是十分性感的人物，令他们打球时禁不住有非分之想；也许网球本身并非想象中有趣。

　　另一个可能，是有些人无论做什么事都不能专注：他们在打网球时想着性，在做性的事时，却可能想着打网球。

　　不能专注，是一个时代病。

　　禅的故事中，有个小和尚问他的师父："老师，老师，什么是禅？"老僧说："禅就是扫地时扫地，吃饭时吃饭，睡觉时睡觉。"小和尚问："就是这样简单吗？"老僧说："是很简单，但是很少人做得到。"

　　事实上，真的很少人能够心无二用，除非在紧张关头，例如股市崩溃，或丈夫找小老婆，才会令人提起猫跳墙时那种全身戒备的警觉。其他时分，大部分人都是活在三心二意的境界。

　　因此，打网球时想性，一点也不出奇，除非你正在参加世界杯大赛。

世界网球杂志的这项调查，如果扩大到其他活动范围，例如行政人员在开会时、音乐家在乐团演奏时、大学生在上课时，或乘客乘搭巴士时，相信同样也会有人想入非非。

东 方 与 西 方

心理治疗与中国文化，如何挂钩？

最近在中大举行的一个国际会议，题为"中国人的心理治疗"（Psychotherapy for the Chinese），当然也离不开有关中国文化的主题。

大会上有学者发问：为什么心理治疗不能在香港盛行？

答案纷纷：有人说是因为治疗专家太少；有人说是训练人才不足；更有人说，心理治疗是西方的产物，很难直接移植到东方的土地。

其中有一美洲学者，发表一份教授中国人做心理治疗的心得。依她所言，教中国学生的障碍甚多，言下之意，颇有不得其门而入的苦恼。

观众中有一位精神科医生却回应这位学者说："你知道吗？即使中大和港大的学生，处事和对人的方式都不一定相同，你所说的'中国学生'，恐怕不能代表所有人。"

我每遇到这种与文化有关的心理治疗讨论，总是心神不定，神游四海，脑海中浮现出各种跨越时空的景象。

记得那年寻师寻到纽约，拜会家庭治疗大师 Minuchin。他第一句话就问我："你是来自中国的美国人（Chinese American），还是住在美洲的中国人（A Chinese living in America）？"

我答："我是住在美洲的中国人！"

后来我在他的指导下，治疗一桩家庭个案。这一家四口，父母兄长都不断地向弱智的幼子言爱，行动上却对他十分抗拒。这位不为家人接受的少年，听着家人不断地对他说着"我爱你"——在愤怒而又无从泄恨之下，把自己的粪便涂鸦在洗手间的墙壁上，弄得全家震惊。

对着这个一见面就说爱的爱尔兰家庭，我真无从入手。

Minuchin 对我说："你不是说自己是住在美洲的中国人吗？为什么完全不能发挥东方人特有的智慧？"

什么是东方人特有的智慧，实在高深莫测。但是既然我夸下海口，只得硬着头皮上阵。

下一次见这一家人又满口"我爱你"时，我皱起眉头，慢慢地对他们说："我不相信！"

一家人愕然，要我解释。

我说："我父亲一辈子没有对我说过他爱我，但是从他无声的表达中，我知道他什么时候对我赞赏，什么时候因我而生气。你们不停地说着'我爱你'，其实却是用语言来窒息对方。"

我继续说："你们用语言把儿子捆死，却用爱来装饰他的遗体。"

这家人被我的一番话打了一棍，两个儿子却突然开放起来，原来两兄弟都是"爱"的受害者，善于表达的长兄不断地用说话来抑制自己的愤怒，不会说话的弟弟就用"画屎"来表达。

Minuchin 问我："你的治疗手法一向都糖分较多，为什么突然会有如此功力？"

我说："就是因为你上次说我'太甜'，不能容忍压力与愤恨，可能因为我是中国人之故！"

长年在外国生活，最令我生气的，莫如外国人认为东方女人都是又甜又可爱(sweet and cute)，连我敬爱的老师都把我列入这类"小女孩形象"。我怀恨于心，刻意要证明 Minuchin 是错的。

我继续对他说："中国像所有古老国家一样，知道什么是愤恨。在历代权力斗争中，母亲甚至会把儿子剁成肉酱，煮成汤，而且喝下肚去。中国式酷刑(Chinese torture)是我们出名的把戏……"

我这似是而非的一轮叙述，连老师都听得打个冷战，从此对我另眼相看，常对人说："我这中国学生，是个极有创造性的人。"

妙的是，自此开始，我真的在自己的治疗手法中，增加了伸缩性，要甜时甜，要辣时辣，不再需要停留在一个层面上。

在跟随 Minuchin 前，我也教授了心理治疗很多年，那时候，满口理论，加上学生都是外国人，自己的确也曾以为心理治疗是西方特有的观念。Minuchin 是犹太人，没想他对我最大的引导，竟是把我中国的一面提升起来，令我心剑合一。

其实，心理治疗的道理也是一样，把个人心中原有的力量提升出来，增加一个人的伸缩性，这人才能应付生活及身心的压力。

这种"以人治人"的治疗方式，其实每种文化都有不同的体验，中国知识分子以往那种入山找高僧谈禅的方式，也可说是心理治疗的一种。

第一年回港教书时，也有学生诉说中国人很难领悟这种"西方文化"。我对他们说："那么，我们试做老僧谈禅吧。"

他们说千万不可。

我说："从诗词歌曲去看中国人心理吧。"

他们说不能。

我说："以金庸小说的人物形象，来体验不同形象的心态，可以吗？"

他们很多都说，没有看过金庸小说。

我说："那么由无厘头文化做起，让自己疯狂一下，增加一点伸缩性。"

他们却放不下满脑子理论。

中国文化范围太广了，所谓东方遇西方，或西方遇东方（East meets West or West meets East），我这半生流离浪荡的经验，把我愈来愈弄得糊涂，往往不辨东西。

最奇怪的，是我在西方教心理治疗时，常常有人问我有关东方的经验，却没有想到我在香港教心理治疗时，也同样地要介绍东方文化。

恰巧那时河北梆子剧团来港演出，我把自己的学生都拉去看戏，这一群香港长大的成人学者，专攻治疗的舞台，对中国戏剧舞台却完全陌生。一幕《钟馗嫁妹》，他们看得手舞足蹈！有人甚至说要改行学戏。

我心中大乐，能够一点一滴地做起，亦是快乐事，何必斤斤计较东与西，或什么文化不文化。

犹 太 人 遇 着 佛

说起东方遇西方，就想起狄发纳一家。狄先生是犹太长老（Jewish Rabbi），长胡子，忧郁的眼睛，十分柔和的声线，一派典型宗教领袖模样。

狄太太却长得圆圆胖胖的，十分友善。

狄家共有六男二女，再加上狄先生及狄太太的两位年老母亲，一家十二口同居，十分热闹。

第一次见狄家时，狄先生率领四个儿子同来，每个人都穿黑色衣裤、白衬衣，头上不是戴着黑色绒帽，就是顶着犹太教的圆小帽，除了两个年少的儿子，其他人全部留着浓须。

父子五人由长廊走来，活像一幅 Rembrandt 的油画，令人以为置身十八世纪！

狄家的烦恼，出自二十八岁的长子马仕，马仕在乘搭公共汽车时，突然用手触摸女乘客的胸部、屁股，而且不止一次，被人多次检控。

如此显赫的宗教家庭却出了个非礼女人的长子，狄先生震惊之情，可想而知。

马仕看来一表斯文，只是说话迟钝，问一句答一句。父子的交谈方式尤其古怪。

父亲说："人类的智慧,在于知识,知识出于脑袋,我们的脑子,是神给人的最大恩赐……"

儿子回答:"嗯……"

父亲说："圣经上说的话,每一句都是积聚数千年的智慧,也只有这种智慧,才可以帮助我们抵抗一切心魔……"

儿子回答:"哦……"

一个是绝对理智,一个是毫不动容。

以马仕居长的一行六兄弟,全部用希伯来文的名字,我用笔写下来,却读不出来,只好以排位称呼。二弟三弟都在纽约的犹太学校寄宿,这是美洲犹太教知识分子的传统,信徒以送儿子到纽约的犹太学校寄宿为荣。狄家十八岁的三子,也将离家入住寄宿学校,只是费用庞大,十四岁的四子将不能同行,要留在家中继续读本地学校。

四子心中不忿,天天与九岁的弟弟吵架。

看来马仕的愤怒,比四弟更甚。他身为长子,由于精神及资质稍有问题,多年来只是做些散工混日子。他说最大的愿望是学会驾驶,然后讨个老婆,这两项基本要求都无法达到,难怪他对父亲的苦口婆心,不但一点反应也没有,而且心怀怨恨。

除了在纽约寄宿的两个儿子不能同来,狄家此行四个儿子各怀心事,各有各的苦恼。狄父说教的本领,在家中完全派不上用场,十分无奈。

第二次见狄家时,狄太太与两个小女儿也一起同来,为全黑白打扮的男丁添上一分色彩。这才发觉,为了处理大儿子的问题,弄得全家分歧,有人认为马仕所为,毁坏了一家人的形象;也有人认为家中气氛紧张,迟早会有大事爆发。

狄太太说:"我们这个家,我支撑了三十年,愈来愈不胜负荷。一方面要让丈夫绝对清静,绝对不能妨碍他的宗教工作;一方面却要看管留在家中的六个儿女,由四岁至二十八岁不等,再加上两位体弱失控的老人家,天天吵架,有时甚至在客厅中拉屎撒尿,一家没有安宁……"

原来这位精神领导,虽然拥有无比智慧,他的家庭,却与常人无异。

妙的是,狄先生绝对冷静理智,偏偏他的一家人,全部情感丰富,七情六欲,发挥得淋漓尽致。狄父的平和,反而被一部分家人视为枷锁,令他们动弹不得。

幸好他有教务在身,依犹太教传统,狄先生每晚要领导教会中的干事,研究经文并祷告数小时,对家中杂事,避之则吉。

这次由于马仕的问题,逼着狄先生与家人面谈,发觉不单大儿子出了事,其他子女也都充满怨言,连一向温婉的妻子,都声泪俱下,说婚姻不美满。

狄先生倒有大将之风,临危不乱,他说:"那么我们从婚姻做起吧!"他又问我:"你能为我们做婚姻治疗吗?"

为犹太教长老做婚姻治疗,我这是头一趟!

我对犹太教的教义十分陌生,只觉得这位友善却充满威严的长者,一切都是那么富于责任感,一听到妻子诉说婚姻不满,他就立刻提议婚姻治疗。

怎样在这般理性的人身上擦出火花?实在使我头痛。偏偏狄太太又是惯于做长老妻子的职位,虽有怨言,但在适当的机会里,她却无法说出心中要求,反而万分忍让。

在以后四次的疗程中,狄太太都是吞吞吐吐,让丈夫做猜谜游戏。狄先生大部分时间都是跟我谈话。

与长老交谈，当然离不开宗教。狄先生向我搬出一位又一位的犹太先知，好像他说的每一句话，都有出处。

怪不得狄太太毫无招架之力——她嫁的不是一个丈夫，而是犹太圣经内全部智者的综合体。

我心生一计，也搬出中国的满天神佛。幸好我国神佛多，除了身居要职的高等神灵，还有无数菩萨——灶有灶君、地有地主，欢喜佛、多子佛、大肚佛……数之不尽。

狄先生被我弄得目瞪口呆，竟然十分投入。渐渐地，我们的谈话，变成犹太先知与中国佛祖的谈话。当然，他谈的是一本正经，我说的却是一派胡言，这种神推鬼拥的交流，竟然令这万分理性的智者，慢慢变得轻松起来。

我问他："我们有个大笑佛，不受人间教条束缚，十分顽皮。在你的各先知中，可有顽皮的一位？"

他面露喜色，说："当然有，我们犹太教并不是死板而没有生气的，我们有位专喜欢喝酒唱歌的智者……"

他说着就唱起歌来。

狄太太眼见丈夫与这东方女子谈得如此兴奋，也一反平时安分守己的角色，忙着插言，苦的是她不惯于与丈夫作知识上的交谈，总是觉得丈夫万事俱晓，没有她发言的余地。

我对她说："长老什么事都知道，做他妻子实在困难，但是……"我向她眨眨眼，继续说，"我保证有些事，他一定不会知道，我们用一周时间，把他不知道的事情找出来。"

在这为期三周的治疗期间，狄太太虽然不多言，但看着丈夫与另一女子谈得投契，心生妒意，开始一次比一次打扮得漂亮，愈来愈主动争取丈夫的关注。

第四次见面时,狄太太刻意妆扮,给人耳目一新的感觉。但是,她仍然无法找出什么是她丈夫不知道的事,为之十分苦恼。

我说:"不用急,我知道长老不知道的事情在哪里。"

狄家夫妇张大眼睛望着我。

我故意慢吞吞地说:"我可以担保,长老一定不知道,打扮得漂亮的妻子,需要丈夫的注意与赞赏;长老一定不知道,要处理一家十口不断而来的烦恼,夫妻首先要懂得互相安慰及支持;长老一定不知道,有时一束鲜花,就有起死回生的作用;长老一定不知道……"

说到这里,狄太太兴奋地跳起来,说:"今天出门前,他第一次给我送花了!"

我把这治疗的录影带播给 Minuchin 看时,他笑痛了肚子说:"这回真是犹太人遇着佛(The Buddha meets the Jew),没有比这更妙的配合!"

外 婆 的 一 脚

十七岁的启华,慌慌张张的,双臂紧抱着上身,垂头丧气地坐在一角,对坐在他身旁的外公外婆、父母亲及十五岁的妹妹阿翠,毫无反应。

外婆说:"启华和阿翠,自小就由我带大,兄妹二人的一粥一饭,一衣一袜,都全由我打理。不知何故,华仔这两年总是窝在家中,连学也不肯上,他说自己没有信心,怕见人。我带他去见过多次大夫,都没有改进,我们是没有学识的人,不识字,希望你们各位专家指引……"

外婆一口气介绍了一部分家庭背景,兄妹的双亲跟着不断地点头,明显地,外婆是这个家庭的发言人。

外公静坐一旁,好像已经习惯被人冷落,对他说话,他十分意外,手忙脚乱地指着自己的耳朵,表示听觉有毛病。

八十岁的外公与世界隔离,并不出奇,奇的是十七岁的外孙,也成了隐士。

与启华谈话,十分困难,十问九不知,老推说自己有精神病,害怕外面的世界。

启华慢吞吞的反应,都被外婆快捷的行动接应起来,一一为他答话,替他解释。

外婆说:"几次去见精神大夫,都是我带华仔去的!"负责任的婆婆很为自己的周详自豪,这次见面也决定向我们提供"独家资料"。

我问启华:"你有烦恼的时候,最希望向家中谁人诉说?"

启华低声回答:"我妈。"

我又问:"你爸呢? 你不喜欢跟他谈话?"

外婆抢着代答:"他爸从大陆过来,什么都不行!"

被奚落的父亲望着我们苦笑,解释说:"我只是地盘工人①,学识少。"

这才知道,启华与阿翠的父母为了生计,儿女出生后全交由外祖母教养,本来是权宜之计,谁知一下子就过了十七年——外婆当了母亲,父母亲倒成了外人,只有在周末时候,才有机会探望儿女。

我问启华:"你希望继续跟着外婆,还是与父母亲同住?"

启华答得玄妙,他说:"如果我精神恢复就与父母住;如果我精神不妥,就跟外婆。"

母亲坐近儿子,说道:"你可以搬回家中,只是我们白天开工,有时晚上也要赶工,你得要自己照顾自己……"

外婆忙说:"我家一天三餐都有照应,启华连煮碗面都不成……"

启华说:"你不让我入厨房罢了,我会煮面的……"

外婆说:"我这样做,都是想你专心读书。这几年来,我哪一桩事没有为你办妥?"

启华又低下头来,不再说话。

我看着这忧郁的男子,久不久会流露出一丝生气。但这些生命火

---

① 方言,建筑工人。——编者注

花，一下子又被外婆的情意扑灭。这一老一少亲如母子，如果启华只有八岁，他们婆孙可能是个好配搭，但对于十七岁的小男人，婆婆的爱护往往夺去了他成长的机会。

只是，这位外婆在家中权威甚高，她的女儿女婿都好像没有招架之力，启华更是缺乏十七岁大男孩子的反叛心理，只会唉声叹气，哭丧着脸，长年服用精神药物，更使他变成一副瘾君子模样。

要在这气氛消沉的家庭中找点活力，我只有从阿翠着手。

阿翠一直在旁静听我们的谈话，圆眼珠滚来滚去，这位小姑娘对哥哥的事一向闻而不问，不明白我们这次为什么要找她一道前来。

一家三代，启华与阿翠应是同一阵线，偏偏一个足不出户，一个却活泼外向，看来外婆重男孩，对启华千依百顺、求神拜佛的，反而把他弄得万分依赖；阿翠自生自灭，倒是长得一身活力。

因此，我特别制造形势，让兄妹交流。阿翠起初十分腼腆，启华又不善辞令，两人谈得糊涂，急坏了在旁的父母。外祖母尤其板着脸，发觉在这次治疗谈话中，不但失去重要角色，而且被她一向看不过眼的孙女抢了主角，十分不是味道。

阿翠却愈谈愈起劲，对哥哥产生无限好奇。

她问启华："你不想交朋友吗？"

启华答："我想，但我没有自信，不知道怎样说话。"

阿翠说："你天天躲在房里睡觉，对着天花板，怎会有机会练习与人说话？像我这样，不出门都要讲几个小时电话，想不说话也不成！"

原来启华参加过一个社团活动，爱上团中一位女孩子，可惜神女无心。后来，那女孩子移民离港，启华满腔情意没有依归，从此就断绝外面交往，天天设法留在家中，梦乡寻醉。

这一睡就是两年!

其实,任何人停留在梦乡一段时日,都会像抽大烟一样,失去全部精神,要重新振作,过程与戒毒无异,个人及家人都需要很大的意志力。

我故意问阿翠:"如果你哥哥继续留在外婆家,你想他有可能改变吗?"

阿翠说:"一定不可能,外婆什么都为他安排妥当,他根本不用起床!"

父母听着,焦急之情尽写在脸上。那位被外婆视为不中用的父亲,其实对儿子万分关心,不停为儿子打气。

父母子女四人,第一次表现出脱离外祖母的牵制,很自然地闲话家常,商讨拯救启华的办法。外祖父毫不在意,独自入定而去,外祖母却气得七孔生烟,设法挽回大局。

中国人三代同堂的传统,可以是充满生活情趣,也可以因为三代界线不分明,祖孙三代位置倒转,毛病百出。

我对外祖母说:"启华是你的心肝宝贝,但我知道你是一位明智的外祖母,一定明白启华不能再躲在外婆裙下不长大。要解救他的毛病,你可不可以狠狠地一脚把他踢出去?"

外婆脸色沉重而悲痛,勉强点头。只是外婆的这一脚,踢中的可是她自己的心!

在 过 渡 期 中 的 家 庭

家庭是头不断转变的动物。

随着子女及家庭成员的成长,家庭也跟着成长。三岁的孩子乖乖地让母亲牵着手过马路,六岁孩子开始要挣脱母亲的手;而母亲,不管多不放心,都要随子女的发展,学习怎样放松那不愿放松的牵手。

随着大时代的转变,家庭也跟着转变。一个社会的政治、经济,以至风气,都会大大地影响一个家庭的体系及组织。

家庭的重要,没有人不赞同。一九九四年是国际家庭年,全世界不同机构都大事庆祝,以提高每个人对家庭的重视。

不过,很奇怪,我们虽然活在家庭中,感觉着自己家庭的气息,依附着它的脉搏而呼吸,但是很少人会从家庭的角度去看个人行为。

朋友对我说:"我与丈夫的关系,很像我与母亲的关系。不过,如果我把丈夫赶走,所有认识我和认识他的人都说我做得对;但是,如果我从此不理我的母亲,全世界的人都会怪我不孝。"

父母对我们的牵制,其实并没有因我们的成长而消失,只不过是那有形的牵手,变成无形的牵手。而母亲与子女的那一条脐带,始终没有剪去。

这不单是母亲与子女的个人问题，也是整个社会体制的期望：每个社会对家庭的定义，都是夸大其养育的一面，而母亲的爱，更是神圣不可侵犯。因此，我们怀着一个理想家庭的形象，千方百计地去适应我们现实中往往并不完美的家庭关系。

有很多人，特别强调家庭美好的一面，在那种绝对和谐的家庭气氛下，所有怨恨与创伤都无法现身。结果，我们所看到的，是一张全家福的家庭照片，每人露出一张为外人而笑的脸，私底下的苦涩，却无从诉说。

我并不是否定家庭的慈爱，只是家庭是头多面孔的动物，有其温暖的一面，也有其不可告人的一面。

影星及作家莎莉麦莲曾说："我这半生的独立与成就，往往在回家与父母吃一顿感恩节的火鸡晚餐中，就消失得无踪无影……"

《喜福会》中的女儿对母亲说："你常向人埋怨我不听话，你不知道，你的一个眼神，一声叹息，都有令我一夜无眠的力量……"

怪不得家庭治疗大师 Whitaker 说："这世上并无独立的人，我们人人都像电脑一样，被自己出生的家庭程式化（programmed）妥当，然后按钮行动。"

而心理治疗，往往就会把这些久已安排妥当的"软件"，重新调整。

个人受家庭的牵制，家庭一样受社会大气候的牵制。

我让学生做作业，到酒楼去观察家庭聚餐的形式。

有同学回来报告，说看到两个小孩子在吃意大利粉，吃得一塌糊涂，意粉满场飞，他们的父母亲却毫无反应，直到父亲发觉这位同学正在盯着他的孩子，才一巴掌打过去，叫孩子吃得检点些。

同学的注视，是社会的压力。这压力牵动父亲的行动，从而管教孩子那本来并不为父母关注的行为。这三重关系，一圈又一圈地，互相冲击,压力有时从外而来,有时由内而发。

我被中大邀请作一次公开讲座,题目就是"在过渡中的家庭"(Family in Transition),不禁想起香港很多"太空人家庭"的个案。

太空人家庭,是大时代气候所造成的一种现象,很多父母为了孩子的将来,被迫夫妻分离,由单亲带着子女离乡背井,过着陪太子读书的孤独生活。

这种安排,不但为北美几个太空人聚集的城市制造"寡妇村",对孩子也不一定有好结果。

加拿大有一位陪儿子读书的母亲,因为丈夫有外遇,把气都出在儿子身上。她叫十岁的孩子为她上楼拿外衣,儿子拿错了,她就把十支针插在儿子手指头上,让他分辨她那十件外衣的区别。

这事结果闹到学校,由老师投诉母亲虐待儿童之罪。据说丈夫请了最好的律师为妻子辩护。但是,无论官司胜或败,苦的仍然是孩子。

奇怪的时代,常常产生奇怪的家庭现象:受害者与迫害者可能同是一人,养育之所与人间地狱同出一处。

婚外情的家庭是另一例子。人人同情那被遗弃的妻子,(怎么总是妻子?)却很少人注意婚外情家庭的孩子;大人的创伤无论多深,都有爬起来的力量,但是处于无助位置的孩子,却往往反负上保护父母的任务。

有人问 Minuchin,他近年对家庭的看法有什么新观点。

他答:"我一向认为孩子对家庭'忠心',会想尽办法挽救父母的关系,我这想法始终没变。现在觉得长大了的孩子,对家庭的忠心,好像没有那么明显,其实是一样藕断丝连的。"

因此,在过渡中的家庭,其过程有如唐僧取经,一灾消完一灾又起,要维持家庭的平衡,有时非得念起紧箍咒不可。

而我们这些猴孙子，一辈子都戴着家庭的"箍"，无论翻斤斗翻到多远，总翻不出家庭的五指山。

紧箍咒一念，我们就头痛不止。

金 刚 的 眼 泪

金刚二十岁，身形高大，孔武有力。

我们称他为"金刚"，因为他像电影中那盘踞在帝国大厦楼顶的金刚（King Kong），生气时把父母亲像玩具人一样，打得手折足断，令人无法招架。

他们说他有精神分裂症。

鉴于他有暴力倾向，我们诊所内很多人都主张不要接手这桩个案。金刚与家人抵达时，主诊的治疗师也紧张起来，提议我们多找几位大力男士守候，以防金刚发作打人。

在人人提防的气氛下，金刚大摇大摆地进门，他神色从容，一副身经百战的模样，如果他身上佩刀，简直是个东洋武士。

妙的是，他家中真的有把东洋刀，随时给他使用，金刚如虎添翼，看来自信十足。

他母亲说，金刚没有念完中学，天天在家睡觉，醒来时就无理取闹，弄得全家鸡犬不宁。比他大一岁的姐姐，是他争吵的对象，因此父母千方百计，把大女儿送出国留学，躲开箭头。

恰巧女儿回港度假，这次也跟着家人一起前来，接受治疗。

姐姐一脸丧气，对弟弟不看一眼。

金刚却毫不放松，明刀明枪，矛头指着姐姐，步步进逼。他说："那些不知羞耻的人，以为自己是大学生就不可一世，简直衰格①……"

姐姐满脸愤怒却不能发作，渐渐变成一股不屑之情。金刚看在眼里，更变本加厉。母亲忙加阻止，但母亲的介入，令情况变得更坏。

同胞相争，一般都与父母有关，Minuchin 常说，兄弟姐妹争吵，本来是正常行为，哪有从未吵过架的同胞！打完架就和好，和好后又打架，是兄弟姐妹成长的过程，一旦父母插手，就演变成一种牵涉到父母关系的竞争，就会产生一种"世界不公平"的控诉。

因此，金刚对姐姐的攻击，其实是对父母的抗议，只是不知道他抗议的对象，究竟是父还是母？

这疑问很快就揭晓。金刚每次发言，母亲都显得毫不在意，还不时向治疗师打眼色，示意儿子有毛病，惟恐我们对他说的话有所重视。

金刚开始发作，一连串地诉说母亲对他的伤害，由三岁说起，买了什么玩具，说过什么话，选错了什么学校，一桩桩旧事记得清清楚楚，一笔笔算不完的旧帐。

母亲一一否认，说儿子记错了。坐在一旁的父亲光着急，毫无插话之处。

女儿看不过眼，开始向弟弟反攻，说他对母亲过分。

她说："你打我骂我，我可以接受，打骂母亲，我就不能容忍！"

金刚冷言相向："有些无耻的人，以为自己很伟大，在人前扮嘢②，她

---

① 粤语，人品差的意思。——编者注
② 粤语，指矫揉造作。——编者注

们骨子里不知有多丑恶……我真想一拳把她打扁……"

治疗师听得糊涂，不知道他是在骂姐姐，还是骂母亲，只好问他："你怎样学会用拳头做人？"

他答："这世界，只有恶人才能生存，不用暴力，别人就会把你当蚂蚁一样踏扁，我当然要用拳头对人……"

这是一头受伤的猩猩，武力是他唯一的反抗。他满身淌血，只会不断发出吼声。

父母家人尽力制止金刚的呐喊，却不知道他伤在哪里，只知道说他有精神病，也就是说，这完全是金刚自己的个人问题，与他人无关。

真的与他人无关吗？请细心观察及聆听。

金刚说："是谁把我送进那个该死的工业学校，而且还在老师面前踩我一脚，令我不得翻身……"

母亲说："我知道你一直怪我不好，但我并不是故意的，最多我向你道歉就是。"

金刚冷言冷语："有些人以为一声道歉，往事就可一笔勾销，哪有这样容易的事，这些人像蛇一样，反反复复，千万不能相信……"

父亲设法打圆场："那个工业学校的确不理想，我们实在安排得不好，但那是过去的事了，提来干吗？"

金刚说："我这一辈子都完了，哪有将来？"

母亲说："你要惩罚我多久？我要怎样你才肯罢休？"

姐姐说："我知道你心有不甘，怨恨爸妈供我出国读大学。如果你读得成书，我马上停学让你去读。"

金刚立即跳起来："有些人简直奸诈无耻，假作牺牲伟大，笑里藏刀，自欺欺人，蛇蝎心肠，全部是人渣……"

金刚一连串地骂下去，完全不用停顿。

这种形式的家庭对话，重复又重复，说的是过去的事，流露的却是现在之情。尤其金刚与母亲对话，彼此充满恨意，却偏偏转弯抹角，毫不直接。

治疗师对金刚说："你说了很多往事，但我只听到一个信息——你是否责怪母亲偏心？"

金刚的伤口被点中，第一次直接地与治疗师对望，母亲却极为不安，忙为自己申辩："做母亲的当然是看哪个孩子乖，就多疼爱一点。你是我生下来的一块肉，我哪有待薄你之意？这些年来，你实在令我太失望，我不放弃又有什么办法……"

金刚又跳起来："你听你听，她一时说关心我，现在又说要放弃，是不是前言不对后语，像蛇一样不能令人相信……"

我看这母子的关系，实在复杂无比，但是他们的对话及身体语言，说来说去，其实都只是一个故事——一个不被母亲接受的儿子的故事。

母亲不知道，她说话的字里行间以及眉目之情，对儿子流露着多大的拒绝。

母亲也不知道，儿子把母亲这些好像不明显的信息全部接收起来，一个亲生骨肉变成一个不受欢迎的瘤。金刚无法处理这些属于此时此地的痛楚，只有老是坚持一些旧事，不肯放手。

父亲好像了解儿子的悲哀，但是他在这家庭中地位低微，无法援手。姐姐处于"母亲爱女"的位置，更加不能容纳金刚。

母亲说："一切问题，皆因儿子过于自我，不肯为家人着想。"

其实，这一点母亲看错了！

如果金刚能够"自我"起来，他就有办法把自己从如此交错紧束的母子情结中解脱出来。

金刚不是个自我意识强的儿子，我也看不出他有精神分裂；相反地，他是个集中看守母亲的儿子！母亲的一举一动，一声一息，都像个电脑似的打入他心中，使他历久不忘。

二十岁的生命，没有一句话、一桩事，不是与母亲有关。他虽然身材高大，其实是个仍在哺乳期的婴儿，因为得不到母亲的乳液而踢脚舞手，狂声大哭。

原来，金刚是祖母带大的孩子，始终不能得到母亲与子女之间的联结（bonding）。祖母三年前去世，金刚说："从此人间再也没有温暖。"

受伤的大男孩，就变成只会打人的金刚。

治疗师十分温和地，一点点地找出他的伤处，鼓励母亲为他疗伤，父亲也十分紧张地在旁参与。姐弟虽然没有和解，金刚却出乎意料地平静下来。

愤怒发狂的野兽，变成因被抛弃而哀伤的小动物，终于流下眼泪！

无 言 之 歌

在港大门前截计程车，一辆的士刚好在我面前停下，后座无人，却有一位举止高雅的女士，从司机身旁的座位出来。

我因为赶时间，截到的士便赶着上车，并没有注意这位女士。倒是入座后，司机先生十分自豪地对我说："那是我的小女，她在香港大学教书！"

他继续说："我千辛万苦养大四个子女，人人大学毕业，现在应该可以享儿女福了，却反而不愿放弃这一份劳苦的工作。"

"那时候，为了一家六口，我每天要这样奔走，手停口停①，带病也要上班。现在子女都出头了，我还是不想增加他们的负担……"

看来，这位尽责的父亲不单没有给儿女增加负担，还趁着工作的便利，当起女儿的司机来，女儿对父亲看来也是十分恭敬，这种父女关系，真令人羡慕。

每个成功的子女，背后都可能有一位伟大的父亲或母亲予以支持。成功而没有家人同享的人，欢愉中必带落寞。

---

① 粤语，意为手一旦停下来不劳动，就没饭吃了。——编者注

每年年底，是大学毕业礼的季节，一连好几天，校园满是穿黑袍戴方帽的男女。

学有所成，人人满面笑容，抱着一束束色彩鲜明的花束，四处拍照留念。

我因为每年都是冬日来港教学，这个景象，已经看了三年，但是每一次，它都使我不由自主地停步，细心欣赏这欢乐的一刻。

最令我欣羡的，是几乎每一位毕业生的身旁都围着一群家人，甚至三代、四代同堂。我相信每个家庭背后，必有很多不同的故事。在这难得的一刻，他们的希望与满足，尽展现在那阖家一致的笑容中。

很多学生问我："家庭治疗最难学的地方在哪里？"

我总是不加思索就回答："是家庭！"

我们人人都是来自家庭、活在家庭的动物，家庭何难之有？

妙处就在这里，人虽然是家庭的动物，但我们常常看不见家庭，只见个人。

不论东西方社会，往往歌颂个人的成就与特性，以为自我决定是唯一自救的方法。弗洛伊德的心理分析学说，更影响后人把一切问题都归咎到个人的"内在心态"。既然问题生自内心，答案也只有向内寻找。

并非说内在心态不重要，只是大海捞针，有时长期也找不到答案。其实，现成的还有"外在关系"，有时看一个人如何与旁人相处，也可看到这人内心的感觉与观念。

因为，人的行为，大部分都是与四周环境息息相关的。

自二十世纪四十年代开始，就有很多心理治疗大师，把本来纯内在心态的治疗，扩展到人际关系的范围。米兰学派对心理治疗所包容的时间观念，有很清楚的解释。他们认为，过去有多重要，全看它对一个人现时的影响;将来有何机会,也全看现时能够打开哪一扇门。

因此,"现在"是过去与将来的桥梁。很多治疗学派放弃只谈过去的心理分析,而加强"此时此地"的关系。

家庭关系是人际关系之首,家庭治疗也就是这样产生的。

其实,传统的心理分析,谈的也是家庭关系。不同的是,心理分析走的是过去的路子,而家庭治疗,虽然也有探旧,但脱离不开现况。

问题是,从个人观念转为家庭观念或系统观念,对治疗者或被治疗者而言,都是十分困难的事。

试想想,你怎样向一家人解释:你女儿患了厌食症,不单是为了减肥,更是与父母作权力斗争和抗议?

又例如,你如何对一位丈夫说:你的儿子不是患精神病,他只是知道你有婚外情,替无从发泄的母亲发泄愤恨?

把个人病症转化为家庭关系,不但家人会怪你胡扯,有时连资历较浅的治疗者自己都会半信半疑。

现在欧美很多服务机构都提倡家庭的重要,很多医院收病人时也一定要与家人会面,但是真正做家庭治疗的仍然不多,很多专家虽然会见病人的全家,但用的仍是个别治疗的技巧。

我最近在诊所看过一个家庭,一家四口,母亲与八岁及六岁的女儿打架,打得落花流水。严重时孩子鼻血染红一地,人人都说女儿有问题,结果女儿被送往精神科医院。

母亲一入座,就对我说:"我见社工四年,精神科医生一年,他们都说,我有话不要放在心里,不然就会变成一个大炸弹……"

如果只从个人角度来看,有话直说,不无道理。只是女士在家人面前,只有她说话的份儿,旁人全不可插话,这仍是个炸弹——是个多话的炸弹。

消极的丈夫愈来愈低首无语，两个孩子挺身而出，母女三人于是纠缠不清。

最后，大女儿终于说："爸爸在家时，妈妈终日与他打架，爸爸不在家时，妈妈就跟我和妹妹打架，我很怕回家……"恶女儿变成弱小孩，夫妇更是惭愧不已。

这一对夫妻，都是爱孩子的父母，但是做丈夫的不愿面对妻子，结果女儿遭殃。要安定儿女，夫妇必得合作。

个人的故事，往往与家庭的剧本不符合。故事是平面的，只有一方之词；剧本却是立体的，充满无言的表达与行动。

家庭是一首无言之歌，我们在它的音符上舞蹈，脚步难免不时会缠在一起，甚至摔倒。

但是，为我们敷伤的，亦是那一首歌。

做 个 会 飞 的 Superwoman

新年时分家变,特别令人苦恼!

在欢乐时候,偏偏很多人都不幸地收到坏消息。

我的一位同学,旁人都以为她有一段美满婚姻,没想在佳节期间,丈夫突然离她而去。

她想找我见面,我的时间表却排得密密麻麻;离港前夕,我对她说:"如果你不介意看我收拾行李,就来我家坐坐吧!"

同学到达时,我正忙得头昏脑涨,电话又响个不停,我在她身旁左穿右插。

一个是满怀心事,一个是心不在焉。怪不得在这九十年代,人遇到伤心事时,只可找专业人士倾诉:在现实生活里,人人忙着整理自己的私事,难以为旁人分心。

同学见我忙得不可开交,不但难以说话,而且无端增加一份内疚,她说:"我知道你忙,实在不应该来打扰。其实你也帮不了我,只是,我觉得将来的路很难走,想听听你的意见……我还是回去吧。"

我十分抱歉。正好另一位同学也在此刻到访,我干脆停下来,与他们促膝长谈。

甲同学的事,乙同学也很清楚,三人一起谈来,倒增加了一份支持力量。

失婚的同学,是个十分美丽贤淑的女子:处世待人,绝对没有不善之处。她的丈夫要求分手,也找不出好借口,只说:"你样样完美,如果我娶的不是你,绝对有可能找你做婚外情人。"

完美的人莫名其妙地失去丈夫,真是百思不得其解,只有反复地细嚼丈夫的每一句话、每一个行为。

她说:"他说得很绝,处处表明不想我对这段婚姻再存希望。但是,我看到他十分珍惜地把我们恋爱时的日记保留。他搬走了所有东西,却留下一份衣袜,好像故意留有余地……"人被离弃时,都会有一股被出卖的愤怒,尤其是被身边的人抛弃时。但是同学哀伤之余,却仍然是那样温柔婉雅,处处为负心人设想。

我问她:"你恨他吗?"

她泪痕满脸,说:"我不甘心,我太不甘心了!"

她又说:"他的新女朋友长得十分难看,连他自己以前也说过她长得丑怪……"

一段婚姻的失败,有时实在没有常理可言。同学经历这样大的打击,我们也实在只有听的份儿。

这次留港期间,不断地听到婚外情的事件——这是一个人人自危的题目,很多做婚外情辅导的专业人士都知道,处理这类个案时,不单束手无策,已婚的辅导员更是步步为营,担心自己的枕边人是否同样心存外骛。

处身在这种婚外情的大气候里,虽然令人心惊胆战,但归根结底,它反映的是:一夫一妻的婚姻制度,不能再把人羁留。

婚姻是个奇怪的承诺，我们许下这"不管好坏，至死不分"的誓言，结成夫妻，一同筑起家庭的围墙，抵挡外面世界的侵扰。

但是，这一堵爱之墙，有时也会变成压力之墙，因为爱是需要很多空间的，太多的爱，会令人窒息。

我常认为，所有婚姻问题，都与"空间"有关。

例如夫妇不愿交谈，并不是他们不会说话。贴错门神的夫妻，各自都可以与旁人，甚至陌生人谈个痛快。相对无言且不沟通，只是长久的像两个不同时间广播的电台，各自占领不同的空间。

一方需要情意绵绵时，另一方可能正忧心得像热锅上的蚂蚁；一方认为非把盆中碗碟洗干净不可时，另一方可能正气得把妻子当作恶婆娘。要把这不同的空间合为一个共同的天地，实在不容易，因为不管谁迁就谁，到头来都会觉得自己的空间被霸占，甚至失去自己。

基于这种"空间"的问题，有部分北美洲人现正流行一种夫妻分屋而居的方式。他们不是"分居"，而是各自拥有自己的居所，保护自己的空间，只在特定的日子，才一起见面。

我认识一对中年夫妇，两人都是专业人士，平时工作忙得不可分身，夫妇见面反而觉得费时费事，因此毗邻而居，到周末或节日时，才约会对方。他们觉得这种安排，既可以享受家的温暖，又不会失掉个人的空间。

当我忙到六亲不认时，也渴望有间只有自己的小屋，而且内外加锁。

我想，同学的婚变也是基于空间问题，丈夫怨恨婚姻变成枷锁，拼命逃走；妻子悲痛之余，说话仍然不离丈夫的一举一动，一思一念。

我忍不住对她说："你有没有发现，你丈夫虽然走了，但他的影子仍然占领着你的整个空间？你自己的空间在哪里？"

我同学其实是个好动活泼的人，只不过婚后忙着做贤妻良母，再也没有自己的空间。这次她的丈夫抛妻弃子，还责怪她处理得不够坚强，而她竟然毫无火气！

　　我们三个女人整个下午都在一起，我不是替同学作"治疗"——婚变之类的事，谁知几时轮到自己？只想为她打气！人在失落时，并不需要什么宝贵意见，只需要大量支持！

　　如果她不能放手，一定要把丈夫争回来，前面的路当然难行，因为那是一场没有胜利把握的仗；相反地，如果她趁此找回自己的空间，再慢慢处理其余事，这又何尝不是一线生机，为久已不协调的婚姻关系，开创新路？

　　谈得兴起，我索性放下本来计划，改成三人一同走去中环，买件新衣服。同学选了一件大斗篷，我们说："太好了！做个会飞的女超人（superwoman），不要只做逆来顺受的女人。"

　　同学买得高兴，不肯停手。

　　我们一把拉着她走，一件会飞的斗篷就够了，不然患上购物狂，丈夫留下的空间，不久就会被衣物占领。

　　三个女人，兴高采烈地吃云吞面去！

结 婚 可 怕

有人说，结婚是可怕之事，男人知可怕，因此对婚姻逃之又逃；女人不知可怕，所以追而又追。

这说法其实是错的，女人一样知可怕，只是表达方式不同而已。很多女人，在婚礼前后，都会做出一些十分奇怪的事来。

有女士在结婚前夕，离家出走，不见影踪，结果在荒山寻回，她说，并非不想嫁给她的男友，只是一股恐惧感，突然侵袭，使她半夜逃亡。

另一女士，在自己婚礼的宴会上，突然失踪，原来自己跑到百货公司一口气买了五十顶帽子。

这种种古怪行为，是基于一种对婚姻结合的惊惶。好端端一个独立的人，转眼间就要向另一人许下"终生厮守，至死不分离"的誓言，哪有不令自己心惊胆战的可能？人在险中，自然就要干些奇怪的事来。

我自己在蜜月期间，跑到希腊的雅典神庙，在那充满幽思遐想的地方，心中只想着一件事，就是怎样去偷神庙中一块有雕刻的白石（在雅典神庙，拾一块碎石都属违法）。

捧着这块足足二十磅重的石头，我们由希腊坐东方特快号到土耳其，沿途好几个站，都有持枪的军人上车检查行李，捉拿走私。奇迹般地竟然没有人要查看我的皮箱。

到达土耳其，发觉更难把这块石头运出境，但是那时我已着了魔，无法与这大石分离。我一个人拿着盛石头的箱子，走过戒备森严的机场通道，两旁站满军队，心中充满赴死上刑场的慷慨。留在后面的新婚丈夫，见我安全入闸，知道不必设法营救，才吁一口气，赶来与我一同登机。

婚姻的危机，我在蜜月时已经全领悟了。

爱 玛 的 新 家

我离开纽约四个月,改变得最大的,竟是爱玛的家。

爱玛是我在纽约家庭研究中心的同事,也是我在纽约居所的房东,因此,我一回到纽约,惯例地就往爱玛家里跑。

门一开,一位身披绿袍的高大女子站在面前,一手拿着檀香,一手拿着红封包。

她身后衬着一幅鲜红的背景,迷离中只见一对红烛掩映,烟雾弥漫。

"爱玛?"我吓了一跳,以为自己敲错了门。

"快进来!"竟然真的是爱玛,她一把拉着我,兴奋地说:"你来看看我的祭坛!"

爱玛房子的入口,靠墙放着一张圆桌,上面摆放着一棵"生命之树"、一间木造的小屋、一对木雕的男女、一粒正在发芽的种籽、一杯白开水……爱玛正在燃点一对香烛:桌上还放着一堆中国过年用的红封包。

爱玛说:"你来迟了,昨天我们做了一个泽福房子的仪式!"

泽福房子的仪式?

"不错!"爱玛解释说,"我们首先对着香烛起愿,然后顺着房子的八个角落,分别代表名禄、钱财、家庭、修养、事业、贵人、子女及婚姻,向每一角落祈福······"

爱玛所指的"我们",原来是指她与一位风水先生。

不见四个月,爱玛的房子面目全非。本来像个博物馆,每一个角落都堆满纪念物品及小摆设的客厅,突然变成一个八卦阵,八个角落各自放着一个红封包,里面藏着爱玛写下的秘密心愿。

爱玛说,这些红封包将要放在现有位置不能移动,放上七七四十九日后,写在封包内的心愿就会成真。她一边说一边燃起檀香,向八方顶礼[1]。

我刚从香港回来,对风水一事当然并不陌生;奇的是爱玛是个来自阿根廷的犹太人,她的纽约住所竟然也要风水一番。

而且不止爱玛一人,连纽约富豪 Donald Trump,也特别邀请风水专家来看风水。众所周知,Trump 的家族近年噩运连连,想必希望借着风水来转运。

一时纽约风水之说大盛,风水先生频频上电视。

听爱玛说,在纽约心理治疗的圈子内,很多治疗专家也开始相信风水之说。

爱玛自己就是在一次讲座中,遇到她的风水先生。这位属于佛门密宗黑教的风水专家,据说是林云禅师的弟子,他赠给爱玛一幅密宗黑教"心易八卦图",爱玛立刻就成为有缘人。她不止事事请教风水专家,而且还打算学习风水,希望把这一门学说融合到她的治疗工作上去。

她说:"风水之道,其实近乎环境心理学,外在环境对一个人身心的影响,并不次于内心的因素,如果能够内外双管齐下,则心理治疗的效果

---

① 双膝下跪,两手伏地,以头顶着尊者之足,是佛教徒最崇敬的礼节。——编者注

会更佳……"

　　爱玛这一番话并非没有道理,改善环境的确可以令人精神爽利。她自己就是一个好例子,爱玛与丈夫离婚四年,她说最初两年十分难过,只觉得空虚无望。很多心理学书说,失婚的人,必要经过两年的不平静,才能冲出困扰。

　　但是两年过去了,爱玛并没有摆脱困扰。

　　四年下来,她的儿女都离家独立,爱玛更觉得孤单寂寞,天天为他人作家庭治疗,自己的家却是七零八落,人在天涯。

　　爱玛的前夫是位成功的作家,刚出版他的第四本书。

　　她说:"你知道吗? 我前夫出第一本书时,他把书献给他的父亲,我没有反对;他出第二本书时,把书献给母亲,我也没有反对;第三本书,他谁也没有提上,他说赶着出版,忘了提献……而现在,他的第四本书,却是献给现时与他在一起的女人……"

　　爱玛的眼中藏着泪,继续说:"二十年的婚姻,我在他的创作中,连名字也没有留下……"

　　没有留下名字的女人,却仍然放不下一段已经死去四年的感情!

　　爱玛也曾尝试四处找寻新伴侣,但是,在人口稠密的纽约,要找个男友也不是说说般容易。爱玛声明不做第三者,更加减少合适人选。

　　千找万找,结果找来一位中国风水先生,以每小时一百二十美元(与一般心理治疗同价!)的代价,为她装饰房子,为她的家宅祝福。

　　爱玛在风水先生的指示下,把入口走廊的一堵墙,涂上"利市红"颜色,红墙一直伸展到客厅一角,把爱玛映得神采飞扬。很少见到爱玛有这种兴高采烈的气色。

　　她在代表"婚姻"的那个墙角落,放上两把椅子,墙上挂着的画,都是成双成对,茶几上插着两朵鲜红的玫瑰,下面端端正正地放着一个红封包,不用说,都可以想象爱玛在红封包内放着什么秘密心愿。

我正在小心打量,步步为营,以免不留神会打破爱玛的"孔明灯",坏了她的大事;爱玛却扬手叫我过去,看她执行仪式。

只见她拿起祭坛上放着的那杯白水,把它倒入抽水马桶,口中念念有词:"冲走怨气,冲走不良妖精(sprite),冲走坏运气,冲走小人……"

我说:"冲走那不为你留名的前夫吧,四年了,还留他干吗?"

爱玛说:"对! 冲他入厕所——下地狱,下地狱(go to hell,go to hell)!"

我们拍手哈哈大笑。

爱玛每天都要这样倒水进厕所三次!

她吩咐我,千万记得要把厕所的大门时常关上,不然就会伤财。

在纽约的中国朋友听我说起这事,都说这位风水先生做太多古怪仪式,不可尽信。

我倒不以为然。人道:风水先生骗你十年八年,但是爱玛的密宗黑教大师,却是即时见效。他不但把爱玛的房子布置得多姿多彩(原来,他此前是位室内设计师),还给爱玛带来一股新活力,一种新希望!

这个作用,与心理治疗无异。

只见爱玛像个祭司似的站在她那独特的祭坛前,一派呼风唤雨的气势。她小心翼翼地检查着每一度空间及方位,那样充满自信地等着——好运将要降临!

不 能 相 容 的 家 庭

　　刚回到纽约家庭研究中心，Minuchin 就对我说："你过来，我想你跟我一道去见一个家庭！"

　　我随着他走入会客室，只见三对中年男女，六人围个半圆形而坐。人人面色沉重，身体紧绷，如果不是衣着颜色鲜明，我一定以为他们刚由丧礼而来。

　　很快就发现这六人的关系，是一姐二弟及他们各自的配偶。他们的父亲是纽约著名律师，一个月前才分给每人一百万美元！

　　我心想，他们有这样"孝顺"的父亲，应该万分庆幸，怎么反而人人苦着脸，好像充满难言之隐。

　　大姐先发言，她慢吞吞地从一个黑得发亮的皮手袋中，取出一张写满字的纸条，对 Minuchin 说："上两周见过你后，我觉得有很多话都没有坦白直说，因此我把这些话都写下来，以免漏失……"

　　Minuchin 问她："你这些话是打算说给谁听的？"

　　大姐答："大弟！"

　　Minuchin 说："那么，你就对他说吧！"

　　大姐仍然只望着 Minuchin，她说："我先要知道，我们在这里所说的话,是否会传到父亲耳里?"

Minuchin 说:"我一定不会向他说,但是你们其中有没有人会向他传话,我可不敢保证。"

大姐说:"我就是怕有人会向父亲传话,他听得不清不楚的,常常因而大发脾气。因此,我干脆什么都不说……"

我听大姐的话,虽然声音柔和,却充满弦外之音,不知她是冲着谁来。只见室中人人毫无表情,我甚至无法猜出谁是她的"大弟"。

如此转弯抹角了好一会,大姐终于读出她写在纸上的话。长篇大论,都是有关经济及业务上的安排,以及对"大弟"处理业务的各种不满。

原来他们的父亲已经八十多岁,不但分给他们现款,还把多座出租产业平分给三个儿女,但是有一个条件,就是必须由他的长子接任总经理一职。

问题就出在这里。姐弟三位股东,大姐及二弟都不愿意大弟出任经理。尤其大姐,对大弟的经营手法,以至他所领取的薪金数目,都有异议。偏偏这是父亲的旨意,反对大弟,也就是反对父亲;生大弟的气,也就是向父亲挑战。怪不得室内人人小心翼翼,说话含糊。加上这家族的生意巨大而复杂,因此,他们光是解释家产的安排,就已经费尽唇舌。

Minuchin 对他们说:"你们的家产分配太过莫测高深,我听得一头雾水,请千万别把我当作律师。我只想知道,为什么这一个大好家庭,你们姐弟的关系,会搞得这样糟?"

他又对大姐说:"你比大弟大多少岁? 怎么有话不能直说,要一个个字写下,然后读出?"

大姐解释说:"我们从小就是靠留字条通话,我们家很多事都不能直接表达……"

Minuchin:"直接表达有什么不妥?"

大姐瞪着眼睛望向 Minuchin,答:"直接表达就会吵架,就会惹父亲生气……当然不妥!"

Minuchin:"不会吵架的同胞,也不会知道如何和解,趁着在这个只有你们的空间,试试像亲姐弟一般吵架吧!"

室内各人相对尴尬,只知独自发泄内心的不满,却不会对骂。

Minuchin 一声不响,看他们自己怎样解困。

大弟终于"现身",原来他是室中衣着最为传统的一人,头顶半秃,架着一副方方正正的黑边眼镜,样子一点也不像一个大企业的总经理,倒像个小镇的中学教师。

他说,他其实并不想管理家族产业,他只是替父亲办事,明知道这份差事难办,自己夹在姐弟之间,连妻子都要听尽闲言闲语。他患有偏头痛,年前开始练习瑜伽及入定。怪不得他对大姐的攻击毫无反应,想必是入定去了。

原来不单大弟,连大姐和二弟都是各自修行。大姐属于一个道家团体,天天打太极拳修身;二弟参加一个谈禅的组织,也是个入定能手。

三人饱受东方思想潜移默化,修心养性,更加吵不起来。

Minuchin 却有很不同的看法,他问道:"你们怎么犹太人成了佛?你有多大火气,现在火气到哪里去了?"

这一问,竟勾出这一家人的整个家庭背景来。原来,父亲是个万分能干的人,也是一个大独裁者,一家人自小就绕着父亲转;母亲受不了压力,终日沉迷醉乡;夫妻天天争吵,两个大的孩子一早就卷入父母的战场。大姐加入母亲阵线,却不敢反抗父亲;大弟则以长子身份,与父亲同起同坐。姐弟二人也因而无声地对立。在这绝对不宁静的家庭中长大,怪不得大姐大弟都醉心谈禅问佛,二弟更是自小就把自己关在房中,不问世事。

他说:"也许我自私,不肯为家庭分忧,但是我认为唯一的自救方式,就是不闻不问。"

姐弟三人的矛盾和冲突,其实自小就养成。最近的分家,只不过是导火线而已。

太强的父亲或母亲,往往对下一代造成很大的心理压力。不和的同胞,长大后大都会各散东西,免得相对时又再引起新仇蓄恨。偏偏这姐弟三人,人到中年,还是摆脱不了父亲的控制。财力雄厚的父亲,到头来仍然用产业把子女联系起来,企图维持他的家族王国。在权与势的冲击下,三姐弟即使入定的道行再高深,都抵挡不住内心多年来的暗涌,与其说他们为争夺家产,不如说他们是伤痕累累。

他们的关系一直以父亲为主,根本没有机会念及同胞之情。

妙的是,他们的配偶虽是外人,却都或多或少地各自卷入这个家族的漩涡,本来已经复杂交错的关系,更是危机重重,四面楚歌。

两代的纠纷,现在已经传到第三代去,他们三对夫妻的儿女,据说已经开辟新一代的战场。

这是一个不能相容,却又不能分开的家庭。老爹苦心经营,结果没有一代能逃出他钱财的捆缚。

Minuchin的治疗重点,主要在协助这个家庭重新划定界限,父是父,子是子,姐是姐,弟是弟,每一代有自己的空间和时间,才有机会把那三代从混淆不清的矛盾中解放出来。他隔周分别会见父母或姐弟三家人。

近百岁的老人,才开始学习怎样放弃对儿女的控制。而中年的姐弟,却第一次从苦涩的关系中,体会同胞之情。

Minuchin 突然问我："你从香港回来,可否认得这个家庭?"

我笑说:"太熟悉了! 我看到窗外飘雪,才确定自己身在纽约!"

怪不得人人都说,中国人与犹太人相似。

战　友

有一位工作上的"战友"，每次与她上阵，正打得天愁地惨之际，她总会突然回转枪头，向你开枪，屡发屡中。

与她并肩作战，不是怕被敌人射死，而是怕被她乱刀插死。最可怕的是，她竟然自居是你的忠实战友，怪不得有人说：有这样的一个朋友，哪里还需要敌人？

谁倒霉交上这样一位同事，准得伤痕累累——明明大家商量清楚战略，才去上阵，面对险要时，突然背后挨了一刀。初时死得不明不白，后来学乖了，几乎每次都可以准确地预料那"亲密"的一刀何时而至。但这并不等于自己毫无火气。

一次，气冲冲地找她抗议，她听后泪流满面，说："我并非故意的。"

她不知道，不是故意的一刀，比故意杀人还更恐怖——让你死得毫无价值，要哼一声也不成。

下次她又"无意"伤人，又去找她理论，这一次，连她也大发雷霆，说："明明告诉过你，我不是故意，怎么老是这般啰苏。要我怎样办才成？"

死了一千次后，终于明白一个道理：有些人是绝对不能合作的，一同冲锋陷阵，需要彼此配合，眼耳相通。但是，很多人都是只顾自己行事，也许是他们自我封闭，也许是他们自高自大，也许是他们愚笨，在紧张关头，往往因为受不了压力而改变角色。

两军交战，战友竟然摇身一变成为公证人，处处保持客观，一派潇洒，甚至帮敌方数你的不是。再不发足狂奔，我命休矣。

不上班的一族

离开我工作近二十年的一个岗位，不曾"带走一片云彩"，只从办公室搬回十多个藏满书本杂物的纸箱子，全部堆在家中走廊，弄得水泄不通。

少年时，提一只箱子离家上大学，在船上学人作诗，装作潇洒地有"十八风霜汪洋渡，载半生哀乐，一身外物"之句。想不到若干年后，半生哀乐塞得满满不在话下，一身外物更是阻塞通道，令我寸步难行。

不过，"辞官归故里"的那一天，我是那样地兴奋，跳跳蹦蹦地跑回家，一边进门一边大叫："我自由了，我解放了，再也不用天天上班去了！"可是，对于不上班的一族来说，我只是个迟来者。

欧美人叫战后出生的一代作婴儿潮时期出生的人（baby boomer），这些没有经过战乱的孩子，却不断地经历着经济发展的冲击。在二十世纪六七十年代，他们是嬉皮士，消极地抗议上一代的价值观念；在七八十年代，长大了的"花童"，却积极地加入经济竞争的一环，吃好喝好、宝马汽车及名牌服装（designer clothing）是他们的标志。到九十年代，这些为物质而活的雅皮士（yuppies），又进入另一个特殊阶段。

北美经济衰退，几乎所有大机构都有计划地大量裁员，裁员数目不是一百几十，而是上千上万，尤其行政及专业人员，本来捧着的金饭碗，突然瓦碎。

我有一位很要好的朋友，在一家大医院的心理学部门当主管。一天，正在与下属开会，突然有人敲门——原来是他的上司，对他说："你的岗位取消了，请你立刻离开，不要回办公室收拾东西，也不必通知属下，我们自会宣布……"

多年辛苦耕耘的工作，说取消就取消，我朋友气得天天不能睡觉，要找律师告状。可是，在这大裁员的气候下，顶多是获得一年薪金赔偿。

这种例子比比皆是，大机构的高层或中层管理人士，都得上专题讲座，学习怎样解聘职员。

由于太多法律诉讼，一般解聘方针都是叫人在解聘下属时，最好是开门见山，尽量闲话少说，免得被愤怒的被解聘者捉到言谈上的把柄，增加官司上的麻烦。

中层的管理人员，尤其苦恼，刚刚硬着心肠把下属"炒"掉，转头立即就轮到自己。

因此，不管有工作或失掉工作的上班族，人人都在水深火热中。

二十世纪的现代人，长久以来都是工作的奴隶，工作是我们的主子，给我们一个身份，一种成功的标志。相反地，没有工作的人，除了失掉经济来源，心理上也抬不起头，有如丧家之犬，无主可归。在此之前，很少北美人会想象在退休年龄之前，就不再工作的。

可是，随着大时代的时移物换，愈来愈多人要经历失掉工作的滋味。在无限悲愤与绝望中，有一部分幸运的人，竟意外地发现新天地。

很多本来身任高职的人，突然被迫放下繁忙的工作，初时真的不知如何打发时间，渐渐地，有人开始爱惜这个完全属于自己的空间。想想看，一天二十四小时都任由自己分配，对于年复年月复月不停上班的人来说，是多大的享受！

我那位无故失去工作的心理学家朋友，气愤过后，也开始说："我从来都没有领略过，早上起床不用赶出门的那种奢侈感觉。天天只做自己想做的事，或什么事都不做。我第一次真正欣赏到做人的情趣。"

我这位朋友曾经当过我的上司，跟他工作的那些日子，只觉得他甚难共事。我白天忙着应付他的种种无理要求，晚上睡梦时就计划着怎样把他谋杀。那时我正在处理一组色情犯的小组治疗，一个女人对着十个有色情案底的男人，本来也不觉得怎样，只是我这位上司，每三两天就给我一张备忘录，叫我参加柔道训练或其他自卫方法。我也每三两天就回他一张备忘录，说他异想天开，因为除非像武侠片的女主角，一下子练就一身好武功，否则软手软脚，一样无济于事。

别小看这"备忘录之战"，因为如果我真的被那班犯人宰了，告上法庭时，我的上司就可以证实，他一早就提醒过我要学习防身之道，我遭殃是我自误而已。因此，我也必定要白纸黑字地记录我反对的理由。所谓行政之道，不外如此。细看一个机构内每天的操作，有多少精力不是白白花掉？

后来，这位上司离职他往，我们才有机会做朋友。我顶上了他的位置，也承继了他的吹毛求疵。每当我晚上睡得不能安宁时，就猜想会有哪一个下属也在计划把我杀掉。

去年我放大假时，被邀到英国的塔维斯托克诊所（Tavistock Clinic）讲课，参加者最感兴趣的，并非我的治疗讲座内容，而是我怎么可以从服务机构取得十八个月的长假。

原来这个历史悠久声誉卓著的英国心理治疗中心，正经历着很大的行政改革，一些资深的治疗专家，都感到心灰意冷，萌生去意。

现在的退休辅导，都是教人未雨绸缪：最迟在四十岁前，就要做好准备，务使自己有经济及兴趣上的独立，不必靠工作单位终老。可见愈来愈多人因各种原因而加入不上班的行列。妙的是，一旦加入了，很多人都十分珍惜这个天外有天的新境界。因此，九十年代的婴儿潮（baby boomers），开始反璞归真，他们不再着重工作上的搏杀，也不再在乎名牌精品：名与利固然可爱，却犯不着为之弄到众叛亲离，成为工作的奴隶。

他们的新口号是：生活的质量（quality of life）！

他们的圣经，是一本叫作《不工作的乐趣》（*The Joy of Not Working*）的畅销书。

而我自己放了十八个月天空海阔的大假后，第一件事就是回机构辞职。

欢天喜地回到家里，看见我那一年前一听到公司裁员就自动请缨辞去高级工程师职位的丈夫，正泡着一壶上好的龙井茶，全神贯注地欣赏着一盆刚在生根的特种国兰，屋内却播着 Dvorak 那精神奕奕的《新世界交响曲》！

乐 在 不 工 作

有位名为 Ernie J. Zelinski 的加拿大人，写了一本叫作《不工作的乐趣》(*The Joy of Not Working*)的书，一时洛阳纸贵，几年来此书在北美洲一直被列入最佳畅销书行列。

近年来美洲的畅销书(Best Sellers)，多是属于教人如何成功、如何取胜、如何挽救婚姻、如何"How To"的书籍，大部分都是叫人积极进取，打倒敌人而冲破难关的训示。

《不工作的乐趣》其实也是"How To"的形式，不同的是，它教人如何不要从工作上或赚钱上取胜；真正的胜利者，是要知道如何争取"悠闲"(leisure)。

悠闲是怎么一回事？真是见仁见智。据字典解释，悠闲是工作以外，非生活中必需做活的时间。但什么是必需做的活？吃饭是否必需做活的项目之一？有人视一顿饭吃两个钟头是一种悠闲，也有人认为花半小时吃饭是浪费时间。

二十世纪的现代人，大多数都不知道悠闲为何物，最怕无事可做，大部分美洲人，由十六岁至六十五岁，都是打定主意朝九晚五在办公室度过，尤其专业人员，虽说是朝九晚五，还是会把做不完的工作，或工作上所带来的头痛，带回家中。

哲学家罗素，在他一九三二年一篇叫作《懒惰颂》（*In Praise of Idleness*）的文章中就说过工作是奴隶的观念，现代世界是不需要奴隶的。

罗素一定没有料到，在九十年代，自甘为工作奴隶的人，却愈来愈多。尤其自视为知识分子的专业人士，所谓雅皮士（Yuppies）一辈，把工作的奴役推崇到极点，却造成这一类人士最多生理及心理上的毛病：高血压、高度精神紧张、心脏病、胃溃疡、酗酒、依赖药物等等不在话下，他们更是心理治疗的常客。

是什么造就这时代的工作狂人？为什么竟会有人爱工作多于一切？而且不单他们自己选择这种生活，连家人，尤其子女，都一同卷入这拼命搏杀不见天日的漩涡？

在古希腊，工作是奴隶阶级的事，因为希腊人视工作为卑俗，缺乏建设性。悠闲才是人生的目的，思想上的学习与创作，都是在悠闲的空间产生。必要工作的话，也只是为了换取自我的空间。

可是在现代文明世界里，工作反而成了主子，悠闲不再是工作的目的，而是马不停蹄的工作节拍中，偶然发生的短暂休止符号。

种种问题，皆因西方接受了"基督教工作伦理"（The Protestant Work Ethic）的洗礼。这里所指的并非基督教教会，而是指西方一般人民的文化背景，正像中国人受孔孟影响一样。

只是，这种工作伦理，在东方也绝不"落后"。据日本一家保险公司的抽样调查，一半以上的上班族，都担心自己会因工作过劳而早死。问及有关他们如何处理空闲时间，其中百分之八十五都回答说：想多睡觉。

该报告又指出,日本男性的死亡率,有百分之十是因为工作过度,很多死者家属现正控告死者的服务机构,要求赔偿。

香港好像没有类似研究,但一定不乏工作狂。

长久的精神压力,真的可以加速脑细胞早衰,导致失忆及学习能力衰退。

法国有一项研究监狱囚犯精神及生理健康的报告,发现法国的囚犯与正常人相比,心脏病与癌症的发病率都较为轻微。他们坐牢的日子愈久,死亡的比例就愈低。

这项研究的结论:监狱生活比正常生活更少精神上的压力,较多悠闲。

如此推理,如果想避免工作上的压力,活得长久,方法之一,就是抢劫银行,然后成为阶下囚。

文学家 Oscar Wilde 说:"这世上有两种悲剧,一种是得不到自己想要的东西,另一种是得到自己想要的东西。"

心理学家 Abraham H. Maslow 认为,人的本性是贪而不足的,愈得到,愈想得到更多。

工作上的成功,不管是为名,还是为利,其实都是一种幻觉。要用一生最宝贵的时光和精力去换取来的东西,究竟是何物?

Minuchin 在做家庭治疗时,常对那些工作狂的妻子说:"你只是你丈夫的情人,他一早就已经娶了工作为妻。"

人往往需要面临恶疾,或其他生死关头的情况,才懂得解下工作的枷锁,找回自己与家人的时间和空间。幸好北美洲经济不景气,才解救了一大批"耕牛"。

加拿大政府宣布经济预算案,准备取消四万五千个政府部门的职位,美国也是频频裁员,这些消息以前可以令全国人愁云满布,但出乎意料地,很多人做了足够的心理准备,既然工作朝不保夕,反而放下心头大石,重新调整自己对人际关系及工作的价值观念。

时代是不断转变的,人的生活习惯与生活态度也随着转变,工作狂将会成为过去之物;工作时间,也会由每周五日慢慢低至四日或三日。工作时间愈减少,作乐时间愈增加。

希望人与人之间的竞争及你死我活的兽斗,也会取得一定的和谐。

这是一个好转变,尤其显著的,是小孩子的新卡通偶像,竟是一个不求出人头地的长面孔小子,叫作 Bart Simpson①。

Bart 的名句是:under achiever, and enjoying it。

大意可翻译为:成绩平平,但是自得其乐。

孩子们穿着这写上偶像名句的 T 恤,无形中也在传递着一个新信息:不做男才子女强人,只求做个身心平和享受人生的悠闲人!

---

① 美国动画片《辛普森一家》中的人物。——编者注

学 问 工 程

朋友向我请示教子之道。说她十四岁的儿子，一点学习计划都没有，应读的书不读，不应读的书却看完又看，不留神、不专心，只爱玩电脑游戏。

我听后哈哈大笑，对朋友说："你儿子的毛病，我全部拥有！"

不知何故，大人谈起孩子，总是大条道理，完全忘记人是最没逻辑的动物。不专心、不留神，并非孩子的专利，成人学者一样糟糕。

我自己就是一个例子：家庭治疗大师 Minuchin 请我一道出书，本来是天大的机会，可是每天打开电脑写作，自然就玩起电脑游戏来，弄到手指痛，眼涩头昏，都没法停止。我其实是个最不喜欢玩游戏的人，但是任何可以让我逃避写作的东西，我都拼命抓住。

因此，每到交稿之时，我便见师如见虎。偏偏 Minuchin 是个眼利的人，我的一举一动都逃不过他的眼睛。

一天，我不知碰了什么邪，竟然告诉他自己一打开电脑就不停玩游戏。第二天他见到我时说："我昨晚一夜睡不宁，做了一个梦，你出现在我梦中。"

我当然好奇问他："我在你梦中干什么？"

他说:"什么也不干!"

我愕然了一会,终于明白他的用意,对他说:"你不用再做噩梦,我下周必定交稿就是。"

这以后一周,每次玩电脑游戏,就想到老师在做噩梦;但是仍不能停手,只是多增一份焦急而已。终于把游戏从电脑中删去,才乖乖地写起书来。每写一段,就离座找东西吃,或制造其他花样,此情此景,与读中小学考大小考时无异。

最近碰到一位纽约大学的教授,她出版了好几本书,说起她的写作经验,竟与我的一般无奈。

可见学问工程,对很多人来说,都有被拉牛上树的恐惧!

逃 避 圣 手

人是"逃避"的能手：逃避工作，逃避责任，逃避情感……要逃之事太多，数之不尽。

即使最有责任感的人，都有不愿面对的事情。有时为了避免一件事，结果身陷比自己本来要逃避的事情更糟的境地。

大卫就有这样的一个例子：

他在一家建筑公司任职，遇上一位聪明美丽的女同事，比他高一级，是大卫的上司。这本来是一件平淡无奇的事。只是大卫天天对着这一位如花似玉的精灵丽人，愈来愈生出爱意。

大卫不是怕事的人，只是他从小就失去父母——在缺乏保护中长大的孩子，天不怕、地不怕，就是怕被人拒绝，愈想愈惊惶，大卫决定逃之大吉。

他开始对女上司装出冷淡姿态，爱理不理，虽然他每天下班后都不知要做多少次长跑，浸多少次冷水，才把梦中人的影子推出脑袋之外。只是，大卫这种逃避方式，效果不大，还把他自己弄得筋疲力竭，心中对女上司的思慕却日渐浓烈。

此时，大卫已不顾一切，着魔似的一定要把自己心中的爱意斩除。

女上司有一位并不出众的妹妹，大卫决定向她展开追求——他的手中挽着妹妹，眼中看到的却是姐姐。心中计谋着怎样剪断情丝，脚步却不知不觉地走向意中人。

在大卫与妹妹举行婚礼的时刻，他不自觉地回头一望，与姐姐那失神落魄的眼光对接。

牧师问："有谁反对这段婚姻，现在就要说话……"

大卫突然像被鬼附体地嚷着："我反对！我反对！"

好 玩 的 工 作

到纽约长岛住了一周，名义上是工作，实际是玩耍。

长岛甚长，但四周环海，尤其在岛的东角，青山绿水，十分怡人，我住在老师 Minuchin 的避暑居，四周只见树木，不见人烟。早晨尚未睁开眼睛，就被一片鸟声、蝉声及蟋蟀声叫醒。

赤足坐在露台上工作，整理一些有关心理治疗的资料，却不时被鸟屋上到访的知更鸟转移注意力，一边与 Minuchin 讨论工作上的问题，眼睛却不由自主地随那红鸟飞翔而去。

太阳一火热，Minuchin 就吵着停工，要跑到屋前的海滩去泡水。我却宁愿留在屋后的泳池游泳，独个儿霸占着一个大泳池，天天都是懒洋洋的下午。

玩够了，又再继续工作，如果遇上镇内有好电影看，当天又会提早收工。

奇怪的是，这种以游戏为主的工作态度，竟然没有降低工作效率，一周下来，要做的事，反而提早完成。大概是因为玩得开心，做活也特别起劲。

猛然觉醒，这几年来马不停蹄，轮流在纽约、多伦多及香港讲学，时间都消失在操劳中,往往忘了玩耍这一回事,而没有玩耍的工作,是最违反人道的勾当。

这七天,没有电视机,没有名牌精品,只有大自然和一大堆书,再加上一位爱玩的名师指引。天地之大,再无他求。

临行前,我对 Minuchin 说:"以后,我再也不干不好玩的工作。"

天 才 儿 童 的 苦 恼

我认识一个小女孩,她的父母给她一个十分出众的名字,让我们暂时叫她"超人"。

超人精灵可爱,聪明伶俐,是家人及老师的宠儿。但她有一个毛病,就是容易哭泣。

很微小的事情,像铅笔芯突然断了,或皮鞋的带子打了结,或她的书桌被人收拾过,都可以令超人眼泪盈眶,哭泣不止。

超人的父亲是物理教授,却无法理解女儿的个性。他说,女儿见过很多大场面,惯于应付各种环境的压力,对着一千人表演钢琴独奏都从容淡定,怎么对毫不重要的生活小节,却完全失去控制?

这真是个有趣的谜。

怎么一个八岁的小女孩可以面对万众,却无法容忍生活上的小挫折?

要找出谜底,首先要从超人的名字开始,超人名为"超人",可见这名字带着父母对她多少的期望。由出生的一刻起,父母为她安排一切有益身心发展的活动,给她准备最适当的环境,加以栽培。父母喜欢古典音乐,超人的婴儿室也天天播放着莫扎特与巴赫。父亲头脑精密,女儿的玩具也全部是发展脑力的益智游戏；母亲精通几国语言，女儿的故事书也备有中、英、法、德语版本。

这是一个在放大镜下长大的孩子，她的一举一动，一言一行，都逃不过父母的苦心观察，刻意启发。

超人大便不畅，父母给她买个会唱歌的马桶，她每次拉屎，马桶就会唱起歌来回应，让她拉得开心。好在马桶唱的不是古典音乐，否则超人长大后每上音乐会，就马上联想起要上厕所，父母要女儿做音乐家的梦想，岂不变成笑话？

超人身负重任，其心理负担可想而知。她是个乖孩子，甘心乐意地走上父母为她安排的道路。七八岁的小小年纪，就参加天才儿童的独奏会，博得掌声满场，父母对她的厚望，更加迫切。

父亲说："超人在班上考第二名，我鼓励她下次一定要考第一。"

一个永远向上的孩子，其实像一匹马场上的赛马，被人罩上眼罩，只能望着目标奔跑，不可旁视，在这样绝对理智的家庭环境中长大的孩子，当然无法接受这世界的不完整之处；因此，生活上稍一出错，就触发起内心无比的愤怒、无尽的控诉。

瑞士著名的心理学家 Alice Miller，专门探讨儿童的内心世界，她的一本名著《天才儿童的苦恼》(*The Drama of the Gifted Child：The Search for the True Self*)，写尽儿童的悲哀。

Miller 所指的"天才儿童"，并非一定是天生具有特别天赋的孩子。他认为，我们所有人在儿童时代，都得要具有特别的才干，才可以应付父母对我们的各种要求。

Miller 认为成人的困扰，大部分与儿时的经验有关。父母的爱，很多时候都与"赏识"不能分割，孩子为了获得父母的爱，一生下来就知道要凡事达到父母的期望，否则就会失去父母的赏识，也同时失去他们的爱。渐渐地，孩子学会再也不以自己的感觉为感觉，只求获得父母的赏识。

这些孩子长大后，对整个世界也是具有同样心态，他们需要站在世界之巅，受全人类的赞叹，他们当然也对自己万分欣赏。这些人一旦从高处跌下或经历做人必经的正常阶段，如生老病等，就会陷入无比的低潮。因为他们无法忍受一个不是十全十美的自己。

其实我们大部分人都是为一个形象而活，很少人真的会让自己接触内心真正的感觉，尤其是令我们失去"好孩子"形象的感觉。我们的自我评价，大部分都是根据自己的成就、美貌或突出之处，很少会安于做个平凡而深知自己七情六欲的人。因为我们从孩童时候就知道，为了要获得父母的爱，我们需要突出自己。

《天才儿童的苦恼》写于一九七八年，至今仍是一本畅销书，Miller在一九九四年这书再版时重新写了一篇自序，强调父母对孩子的暴行，除肉体之外，还有更大部分是微妙的心理控制。

而且这种控制，是不自觉地一代一代传下去的。

单从我们的名字，也可以看到上一代放在我们身上的压力。中国人命名，不是要扬名声显父母，就是要超群脱俗，总得要有过人之处。年仅八岁的超人，在下意识中知道，超人的路并不好走，因此一有机会，就得放声大哭。

她能够哭泣是件好事，至少可以让心中的压力有个出路。但是，慢慢地，她会学到怎样控制哭泣，那时候，她将会把自己的感觉埋藏得更深。

妙的是，低潮或神经紧张的状态，很多时候都是因为内心强烈的感觉无法流露之故。

Milton Erickson 的弟子 Jeffrey Zeig 认为，极度沮丧的人，大部分都无法接受自己或生活上的不完美。因此，他的心理治疗，常刻意地把"不必完美"的观念，灌输到病人的意识中。

我参加过他的一次催眠示范，他先让病人放松，然后十分温和地用声音把病人带入催眠境界："我要你集中思想，找寻这个世界不完美之处……做人不完美之处……不单要想，还要去欣赏这些不足之处……日本的著名陶瓷艺人，在完成一件完美的作品后，故意把一角弄破，不让它完美……最精巧的波斯地毯，在将完成时，织造艺人刻意把绳结打错……我在编制两卷书籍时，也特别在每一卷书籍内，故意加上错误，因为，我不喜欢十全十美……"

Jeffrey zeig 这一番推广"不必完美"的催眠法，颇有值得怀疑之处，不知道他是为自己的书籍做广告，还是出版后发觉真有错误，乘机为自己找个借口。无论如何，事事追求完美，是我们大部分人一辈子嵌在头上的金刚箍。这金圈子一天不能除下，我们一生也不得自由。

我也建议超人爸妈，为女儿起个新名字，叫小花猫也好，小黄狗也好，八岁的孩子应与动物为伍，跳跳叫叫的。一个孩子过早背上那征服世界的使命，担子实在太重了。

长 大 了 的 黄 蓉

对于看金庸小说成长的人而言,黄蓉无疑是一个少女形象的标准。这位小姑娘不单清丽绝伦而且聪明灵巧,话一醒百,却又毫不世故,小精灵穿插在百态人间,没有一桩事不是出奇制胜,加上出身名门,处处高人一等,叫人败得心服。

试看香港近代少女形象,哪一个不是以黄蓉为标准?

只是,若黄蓉不死,现在起码有五六十岁。半老的黄蓉,不知道究竟是何模样?

人到中年,如果还是处处做出一副少女的顽皮模样,小精灵变成老精灵,长不大的小姑娘岂非永远活在过去的世界? 要知道很多人间怪物,都是因为无法放下假想的形象所致。

黄蓉嫁郭靖为妻,一个是绝顶聪明,一个是出名呆笨,初时是天造的一对,但是久而久之,精明的妻子是否真能耐得住天天对着一个傻小子? 除非郭靖学乖了,否则儿女成群,柴米油盐全由小女子一手打理,她当然要抱怨。最糟的是,妻子变成老师,对丈夫一行一动都要多加管教,或丈夫变成儿子,依在妻子的裙脚做人。

所有童话中的王子与公主,在结局时都"从此快乐度日",我们不知道他们怎样终老。也许侠义男女也是一样。既然作者点到即止，又何必追寻下落，破坏美好造型？

　　只是，黄蓉是千百万少女的偶像，她不长大，这千百万少女也失去长大的标准：她是怎样的一位妻子、母亲？她成熟后是胖是瘦？她又如何处理做人必经的人生各个阶段？人人只能凭自己的经验猜测。

金 脑 子

法国作家 Alphones Daudet 在他的一册《磨坊信札》（*Lettres de mon moulin*）中，收集了一个令人深思的故事，大意如下。

从前有一个孩子，他的脑子是金子造的。

他的父母本来不知道，只是有一次孩子意外受了伤，才发现他脑袋里流出来的不是血，而是黄澄澄的黄金。

于是父母对他保护有加，不让他轻易与人接近，以防别人偷去他的脑袋。到孩子长大需要闯荡世界时，母亲对他说："我们为你费了多少工夫，你怎样来报答我们？"

孩子从脑子中取出一部分黄金，赠给父母，然后走入大千世界。他找到一位挚友，一同居住，但是当挚友发现他脑中金子所余无几时，便离他而去。孩子独自守护着自己的脑袋，不再轻易信任别人。

可是，他遇到一位美得让他忘记一切的女士。于是，他又把自己的金脑子献出。美女爱他的脑子，便嫁他为妻。两年后，美女死了，他用尽脑袋中最后一份金子，为她举行最隆重的丧礼。

一天，他像个行尸般走在一条大街上，失落而无望，突然发觉一家商店的橱窗内，正摆设着一双美丽精致的靴子，他想他的妻子一定会喜欢这一双靴子；此时，他已经没有脑袋，记不清他的妻子已经死亡。

于是，他走入店内，要购买这双靴子送给妻子。

售货员抬头一望，不见有人，只见地上躺着一个没有脑子的尸体。

Daudet 写这段故事时，正因脊骨有病而即将死亡，他解释："这个故事好像虚构，其实从头到尾都是真实的。世上有些人，每每要用生命的实质，或脊骨作为代价，才可以换取很微小的东西。"

这是一个悲哀的故事，一个人要把自己生命的实体，像金子一样，一分分地报答父母之恩、朋友之情、夫妻之爱，到最后，为追寻一个幻觉而倒下。

这个故事，同时揭发出我们每个人心底的一个大疑问：我们的自我价值，究竟在哪里？没有那金造的脑子，是否就会众叛亲离？如果自己没有突出之处，可还有人会爱我？

这种爱的幻觉，在好莱坞式的爱情故事中常常出现，男的都是才貌出众，女的都是美丽脱俗，人人必须具有金脑子的条件，才可获得做人光彩的一刹那。

根据 Alice Miller 学说，这种自我欣赏的困扰，虽然种类繁多，但一般都具有两个极端：要不就是极度夸张，要不就是极度消沉。夸张与消沉，往往形影不离。

自我欣赏的境界，其实是一个遗失自我的国度。

希腊神话中的 Narcissus 爱上自己在水中的倒影，终于变成一朵水仙花。自我欣赏的人，心理学上也将之形容为自恋者（Narcissistic）。

可是，这倒影只是一个夸张的幻象，反映着我们最好最美的一面，为了保持这个美好的形象，我们就得否定一切不被接受的情操——一个人内心的无助、羞愧、妒忌、猜疑、困扰、愤恨与哀伤，所有会毁坏我们形象的感觉，都得被抛开，却不知道，我们只有了解及接受这些复杂的情绪，才有机会接触自己丰富的内心世界。

Narcissus 爱的只是自己理想中的一个形象，他爱的不是他的真我。他当然也没有可能去爱别人。他只能活在倒影的世界。

Narcissus 的悲剧，也就是金脑子的悲剧。他们二人是孪生兄弟，一个是活在幻觉中，一个是一辈子在还债。

Miller 认为，这些心理毛病，都在孩提时形成，当母亲手抱婴儿互相对视时，一方面是一幅无比温暖的图画，一方面也是问题的开始，因为婴儿从母亲的眼中，需要找寻自己的形象，但是母亲看着的，往往不是手中一个无助的孩子，而是她满腔的期望、计划，以及内心情绪的投射。

自我欣赏的人，是最先从父母处经历或希望经历到那欣赏的眼光。但是童年时代，并非都是幸福的日子，每个人都经历过或多或少的创伤。中国也有削肉还母、削骨还父的故事，试想想，骨与肉都不属于自己，一个人还有多少自我可言？结果只有像金脑子一样，用自己的生命元素报答父母。

孩子为父母而牺牲自己的故事，数之不尽，也是心理治疗的重要环节。奇怪的是，大部分儿时受过伤的病人，问起他们的童年，都说没有特别之处，要经过长久的治疗，甚至要在催眠的情况下，他们才会忆起当时的不快遭遇。

他们的病征，大多数是极度消沉、神经紧张或具有自杀倾向。一时间看来好像没有明显的理由，但是很多人认为，低潮的起因，大部分是基于愤恨不能外泄，因而向内之故。很多儿时被虐待的孩子在长大后，往往都有这种趋向。

Miller 的治疗，集中在协助病人找回自己失去了的感觉上。有一个不停伤害自己身体的病人,在治疗期间恢复了被压抑的回忆:原来她自小就被家人性侵犯,这个回忆一被挑起,就同时勾起她的无限悲愤,Miller 让她面对这一股愤恨,不再把这强烈的感觉收藏。

Miller 甚至不主张过早地宽恕,因为宽恕曾经伤害自己的人,意味着否定自己那一股强烈的感觉,后果仍是会抑制自己。

相反地,她说:"即使亲如父母,都要正视他们对你的伤害,面对你对他们应有的愤怒。让这一股怒气燃烧、呐喊,一个人才有复原的机会。"

在我们这个坚持身体发肤受诸父母的社会里,也不知道消耗了多少个金脑子。

父 亲 的 屋 子

第一次接到马勒太太的电话时,听她说两年前来过诊所:当时见她的韦曼医生提议她接受心理治疗,但是她没有接纳,两年后再打电话来,韦曼医生已经离职他往。

我在电话里向马勒太太说:"韦曼医生已经不在这里工作,但是如果你有需要,我可以见你。"

马勒太太有点模棱两可,她犹疑了一会,终于决定与我约了时间,一个月后来见我。

没想三两天后,就接到马勒太太的社工来电,说她极度消沉,有自杀倾向,问我能否早些见她。

我把约见时间提早两周。一天后,她的社工又再来电说,两周都是太迟了,能否再提早些见她。

我对她说,如果情况这样危急,就不应该等见我,应与马勒太太主诊的精神科医生商议,是否在必要时入院治疗。

马勒太太等了两年,何故突然如此焦急,我有点莫名其妙。问题是,心理治疗不能用来救急,遇上极度消沉或有自杀倾向的情况,一般心理治疗者都会尽量与其他治疗系统商讨防备之法,以免有不测。虽说一个人要自杀是防不胜防的,但是,无论根据专业道德,或法律观点,医护人士都必须小心行事。

我找出韦曼医生的个案纪录然后细读。原来马勒太太来自一个中东家庭,十多岁时随父母移民加拿大,家中共有三女一子,以马勒太太居长,她自小就精明能干,是父亲的左右手。她在二十五岁时结婚,嫁给一位比她年长十八岁,与她父亲背景十分相像的男人。

其实韦曼医生只见过马勒太太一次,当时她也是因为精神不振,时常陷入低潮,却又找不出明显的理由。叫她回来复诊,可是她再也没有出现。

两年后,马勒太太在我的诊所出现时,她已经是两个孩子的母亲。

她解释说,当年没有回来复诊,主要是因为正在怀着第二个孩子,孩子生下来之后,却发现患有唐氏综合征,这更叫马勒太太忧郁不已。

她说:"我抱着孩子时,时常有一股冲动,要把她扔到地上。这种感觉令我害怕极了,我真怕有一天会对她加害。"

父母不能接受孩子天生有缺陷,是正常的反应。但是马勒太太在女儿诞生前,就已经时常有精神困扰。

因此,我问她:"你女儿的状况,你最怕令谁失望?"

她不加思索就回答:"我父亲! 我最怕父亲失望。"

马勒太太跟着解释她与父亲的关系——一向十分密切,她是长女,对家庭有责任感。她长篇大论,说得十分有理。

我听着,却禁不住有一种奇怪的感觉:这是一个成熟的女人,学识丰富,正在当地一所大学攻读博士学位,而且自己有丈夫,有孩子,怎么她的全部精神,仍系在父亲身上? 她说起父亲时,连声音都变得像个小女孩。

我问她:"你结婚五年了,怎么好像仍然没有离开你父亲的屋子?"

她望着我半天不语,然后转弯抹角,改变话题。最后,她说她希望继续来见我,但是绝对不能让丈夫知道。

我笑说:"你不告诉他,又有谁去让他知道? 但是我最担心的,是你的情绪时常陷入低潮,这种情形,你丈夫才是你最好的援手。"

不过,虽然马勒太太在见我前十万火急,但是这次见到她时,倒不觉得她有什么不妥。她是一位十分动人的女子,我们谈得倒也投契。她来见我,完全是投石问路。

临别时她走到门口,突然回转身来,漫不经意地对我说:"我想你知道,我十岁时,父亲曾经对我性侵犯……不过这是很久以前的事,我对性虐待(sex abuse)的知识,有充分认识。因此,在适应方面完全没有问题。"

我也简单地回答:"没有问题就最好。只是有时即使我们的脑袋清醒,身体却会自有主张,The body has a mind of its own,不由头脑控制。"

一周后,马勒太太回来见我,显得十分兴奋,开门见山就问我:"你上次说,身体自有主张,是什么意思? 怎么我回去查了半天书,都没有找到这个论调?"

我说:"意思很简单,身体不听话,在与性有关的行为上,常会发生。"

她说:"我上次见过你后,一直想着这一句话……我没有向你直说,其实我父亲对我的侵犯,由八九岁起,到我十三四岁时,他仍不时吻我的嘴,摸我的胸部。当时我对他的行为厌恶死了,但是发觉自己的乳头,竟然对他的抚摸产生反应……因此,我也厌恶死自己……这是我心底的一桩大秘密,我一直不敢正视……"

马勒太太第一次面对被压制的感觉,整个人突然充满了活力,她长久以来因为自己的身体没有拒绝父亲的亲近而十分内疚,无形中也认定自己与父亲同谋。

曾经被亲人性侵犯的孩子，其感觉是万分复杂的，尤其是青少年时候，身体内全是荷尔蒙作用，不管对谁的抚慰，都会产生自然反应，对亲人的反常接近，更是爱恨难分。

马勒太太说，她长大后交上第一位男朋友，立刻就决定嫁给他，理由是她希望丈夫会把她从父亲的屋子带走。可是没想到父亲对她的精神控制，一点也没有因而减轻。

过去的疮疤一旦被揭起，马勒太太终于让她的愤恨燃烧。

她说："一次，当父亲从我房中出来，我远远望见母亲在她房中孤单的身影，从那一刻起，我的母亲就在我心中死去……"

很多专家都相信，这世上没有"不知情"的妻子，只有不能保护孩子的母亲。

有一位儿时被父亲性侵犯的女作家，写了一部叫作《我父亲的屋子》（*My Father's House*）的书，首次公开了这一项惊人的家庭秘密。

马勒太太也必须面对这一个尚未解开的情结。久被埋藏的感觉一旦被挑起，其痛苦程度可想而知。

她说："我再也不能若无其事地与父母相处，我渴望父亲死掉……"

奇怪的是，她让愤恨流露以后，便再也没有精神沮丧的倾向。愤怒是有对象的，因此解决的办法较为明显，不像精神沮丧，有形无影，令人摸不着头脑。

马勒太太终于决定让丈夫参与她的治疗。马勒先生一向都埋怨妻子心不在他，因此，也乐得支持妻子摆脱过去的负荷。治疗的重点，不再集中在受害者的过去，而是夫妻怎样加强现有的关系。

三十岁的少妇，终于离开父亲的屋子，成立她自己的家。

假 回 忆

意大利名导演费里尼,生前接受访问,提起他的童年,每次都有不同回答。

有人问他:"怎么你每次的回忆都不一样?"

费里尼答:"如果我每次的故事都相同,那岂不是要把人闷死?"

更改童年回忆,其实并不是艺术家的专利。没有一个人的回忆不是有意或无意地经过自己加工的。

我念初中时,班上有一位女同学四处向人夸耀自己几岁大就在舞台上表演天鹅湖。当时我们全班都在背后笑她:"几岁大就跳天鹅湖,她扮演的一定是天鹅蛋!"

事实上,每个人都有修改自己形象的倾向,而方法之一,就是改变自己的过去。做广告的人都知道,每一桩事只要说上一百次,就会成真。

有些人专门喜欢揭别人的底,其实揭出来的反是自己的恶意。过去不过是一段回忆,是真是假,连专家都难分辨,何况是隔邻爱管闲事的多余人?

近年在心理治疗界,的确发现很多在催眠情况下追寻回来的回忆,不一定与事实相符,因此创立了"虚假回忆"(false memory)的理论。这个理论,成为近年有关心理治疗法律诉讼的一大争论点,也导致很多专为病人做催眠以找寻失去回忆的治疗者打输官司。

其实,回忆是自己的事,不论真假,也是不可以没有的。有一派治疗学说,专门为没有过去印象的孤儿,制造"回忆",让他们在脑海中塑造自己父母的形象,塑造过去并不存在的故事——这一种名副其实的假回忆,却使很多无根的孩子,找到一种心理上的依附。

反正回忆老是与人玩捉迷藏,像费里尼那样兴之所至,随心所欲地把过去改头换面,假作真时真亦假,岂不有趣?

接 触 自 己 的 感 觉

在心理治疗的用词中，我们常说：这人不能接触自己的感觉（not in touch with one's feeling）。

什么叫做"不能接触自己的感觉"？这是一个十分有趣的问题。

七情六欲，是人人都有的感觉。可是，有一些人，怒时不让自己怒，哀时不让自己哀，久而久之，喜时也不知道自己喜，乐时也不知道自己乐。做人一片混沌，失去对自己情绪的醒悟，严重时可以造成精神分裂。试看一个疯了的人，总是词不达意，面无表情，活在一个封闭的国度。

其实，我们所有人，或多或少地都有不愿与自己感觉接触的时候。因为，不是所有感受都是容易让自己接受的，尤其一些受伤的感觉，人人都避之不及。避免接触某些感受，是为了要保护自己。

问题是，这种保护作用，不但不能达到保护的效果，有时还会制造新的问题。

失去感觉的人，是最难相处的人。乍眼看去，他们好像刀枪不入，骨子里却是最不堪一击。

人的精神健康，并不在乎逞强与否，却需要有伸缩性，最好是加一份痛快,笑得狂,哭得尽,怒得惊人,勇敢地面对内心各种复杂情绪,你才会发现:生命的意义,是因为有所感受。

　　一个人如果连基本感受都不存在,可真是白往人间走一趟了。

转 捩 点

据说有个成功人物,少年时是个纨绔子弟,不事生产不说,酗酒闹事更是弄得家无宁日。

一夜,他又醉了回家闹事,他的祖母再也不能容忍,气冲冲地对他说:"你这人简直是垃圾,你走到垃圾堆去看看,就知道自己完全是废物一样!"

这人被祖母关在门外,真的走到放垃圾的角落坐下,坐到天明。

后来他说,这一个晚上,成了他生命的转捩点,那个与垃圾箱同坐的形象,令他心惊胆战,吓得他从此发奋做人,终于成为人中之杰。

每个人的一生,最低限度都要有一个转捩点,而且最好不止一个。只是这些具有洗礼作用的经验,大部分都不是轻快的回忆。弗洛伊德说,愈是不舒服的感受,愈能促使人改进,火中出凤凰——如果没有被烧死的话。

赤足走火炭的人都知道,只要有信心地大步踏去,火就不会灼人,而没有这一堆火,人将永远不知道脚底有多硬。

因此,不一定要在垃圾中过夜,才有机会重新做人。生活上很多不如意之事,如果视之为一种挑战,一样有起死回生的作用。

危机,危机,有危必有机,知危而不避,柳暗花明又是另一个新天地。

南 非 老 妇 的 一 票

收到一张色彩缤纷的贺卡,写满密密麻麻的字,却没有签名,只在下面画了一头猪。

我莫名其妙,细心一读,原来是我的一名学生留字。大意如下。

曾经有一位教授对我说过,忧郁的人对现实有"正确"的看法。我一直执着这句话做人,对人性的丑恶、虚伪,以为自己看得很准,因此,我一直忧郁及消沉。

我对人类没有信心,只想把自己隐藏起来!

你昨天的一番话,当头打了我一棒。想起我一向的态度,我就想哭泣,我为自己而惭愧……我不会再辜负你的心意。

谢谢你那南非老妇投票的故事!

南非老妇投票的故事,是我在新闻报道中看到的。

南非第一次举行大选,过程充满政治斗争、种族歧视。选举的安排又是黑暗重重,乌龙百出。

为了要投这历史性的一票,有一位南非老妇人,花了三十多块美元坐计程车到邻村去投票,去了三次,都选不成,但她还是计划再去。

有记者问她:"你并不富有,为什么要花这么多冤枉钱?"

老妇答道:"我也不知道是为了什么,只觉得这一票对我们国家的将来,会有很大影响,非去不可!"

南非老妇这一票,由那一刻起,就深深地印在我的心中!

要看这世界丑恶的一面,十分容易;在废墟中找到珠宝玉石,却需要一双慧眼。

堂·吉诃德看到风车以为是巨人,看到妓女以为是贵妇。他的随从摸不着头脑,问他说:"那分明是风车,这分明是妓女,难道你看不见现实?"

堂·吉诃德答道:"笨蛋!我当然见过风车、认识妓女,我又不是十八岁未见过世面的傻小子。我八十岁了,如果视风车为风车,妓女为妓女,这世界还有什么希望?"

因此,衰老的武士挥起破剑,披着过重的铁甲,一仆一跌地,拖着高瘦的身影冲向前方,决心要完成那不可能完成的梦想(to dream the impossible dream)!

南非老妇与西班牙的堂·吉诃德,毫不相关,却不约而同地,为我们提供一个不同层次的现实,一种对人的信心,一种希望。

在香港教小组治疗(group therapy),开始时真的觉得自己是个东方的堂·吉诃德,向学生推动一个不可能完成的梦想!

小组治疗是一种偏重人际关系的心理治疗方式。人的心理创伤,往往是基于人与人之间的关系问题。由人造成的问题,最好是由人去解决。

小组本身是一个社会的缩影,十多名陌生人按时聚集在一起,他们的互相行动(interaction)与冲击,从每个人在组内的行为,很快就会反映出他们在组外的处事方式上。在组外侵占力强的人,在组内也会侵占力强;在组外优柔寡断的人,在组内也优柔寡断……如此类推,一个人如果在组内能够突破自己的个性,他在组外也必定有所改进。

只是这种突破,除了靠个人外,还要靠组员间所提供的交流与支持,是一种"贴身"的经验,而且需要一段过程,由远而近,由小心翼翼到互相信赖,才能发挥一个小组的最大效用。

因此,学习小组治疗的人,除了理论外,还得要亲自经历小组的过程,体会做组员的经验。

在卡片上画猪的人,是研究院的硕士学生,他在三个月的小组学习期间,一直是保持旁观位置,看着别的同学一个个设法打破自己的框框,他却是一步不行。

在一次练习中,我问全体组员:"如果这是一个动物园,你想你是哪一种动物?"

有人说是牛,有人说是马,有人说是挂在树上的蝙蝠,也有人说自己是老鼠、是大象、是空中飞翔的小鸟、是骆驼。

轮到那位同学时,他说:"我是一头不停睡觉的猪!"

全部组员在这假想的动物园中,各就各位,睡觉的猪就躺在一旁睡觉!

经过一次又一次的互相交流,挂在树上的蝙蝠再也不愿意独守这孤独的位置,他说:"我一辈子孤独,老是远远地看着人家热闹,经过这一次体验,我再也不愿意独守在树上。"重新加入人群的孤独者,木讷的脸上开始露出生气。

老是躲在人后的老鼠也说:"我读中学时,有一个十分令人讨厌的同学,没有人肯与他同坐。结果,他被编位编到老师最宠爱的学生身旁,那学生向老师撒娇,老师又把这讨厌的同学编到我身边来,我怎样抗议都没有用。我心中生恨,自此对权威人士失去信心,却不敢明争,只有暗斗……"

同学们过去的经验,在组内形成一种新的冲击。过去的经验,在此时此地(here and now),往往会重新出现。

不同的是,在真实的社会中,极少人会把自己对别人的感受,坦白地说出来。在小组的特别环境下,组员却会直言相向。

这种坦诚,一般人十分不习惯,做猪的同学尤其不能接受。他不但自己做不到,连同学的交流,他都时加阻止,频称不妥。

学期完毕,同学们交作业,很多人把三个月小组交流的录影带剪接起来,找出他们认为重要的进程。

做猪的同学展示他的录影作业,他花了很大心思,做了很多准备,可是他的剪接全部是人与人之间的冲突及矛盾,对小组过程中人与人的相交,讽刺有加!

同学们看得拍手,我却有点心痛。这学期来,我对猪同学不断鼓舞,希望拉他一把,让他从睡梦蒙眬中醒过来,没想到一点功效都没有。

我对他说:"这数十小时的小组录影,包含着整个小组酸甜苦辣的过程,而你要我们看的,却只是人与人之间权力斗争的一面……这小组的经验只是一个片段,如果你对小组以外的世界也是如此无望,我会为你惋惜!"

跟着我就为他讲了南非老妇投票的故事!

当时我想,这番话一定又是白费唇舌,只是不说不快。

没想老妇这一票,竟然投到这位苦涩的青年心中,比我三个月以来的教授,有效得多。

　　可见这世界上有很多事情,并非一定要有大堆理论。远方的一位平凡老妇,她那信心的一举,竟然一点即中地为我们一位香港青年带来新希望!

　　而我自己,亦再一次地对人乐观起来!